LA CHARTE DE L'ARMÉE

PAR

M. CHALLAN-BELVAL

Ancien Magistrat, Docteur en droit.

LAON

Imprimerie A. Cortilliot et Cie.

1888

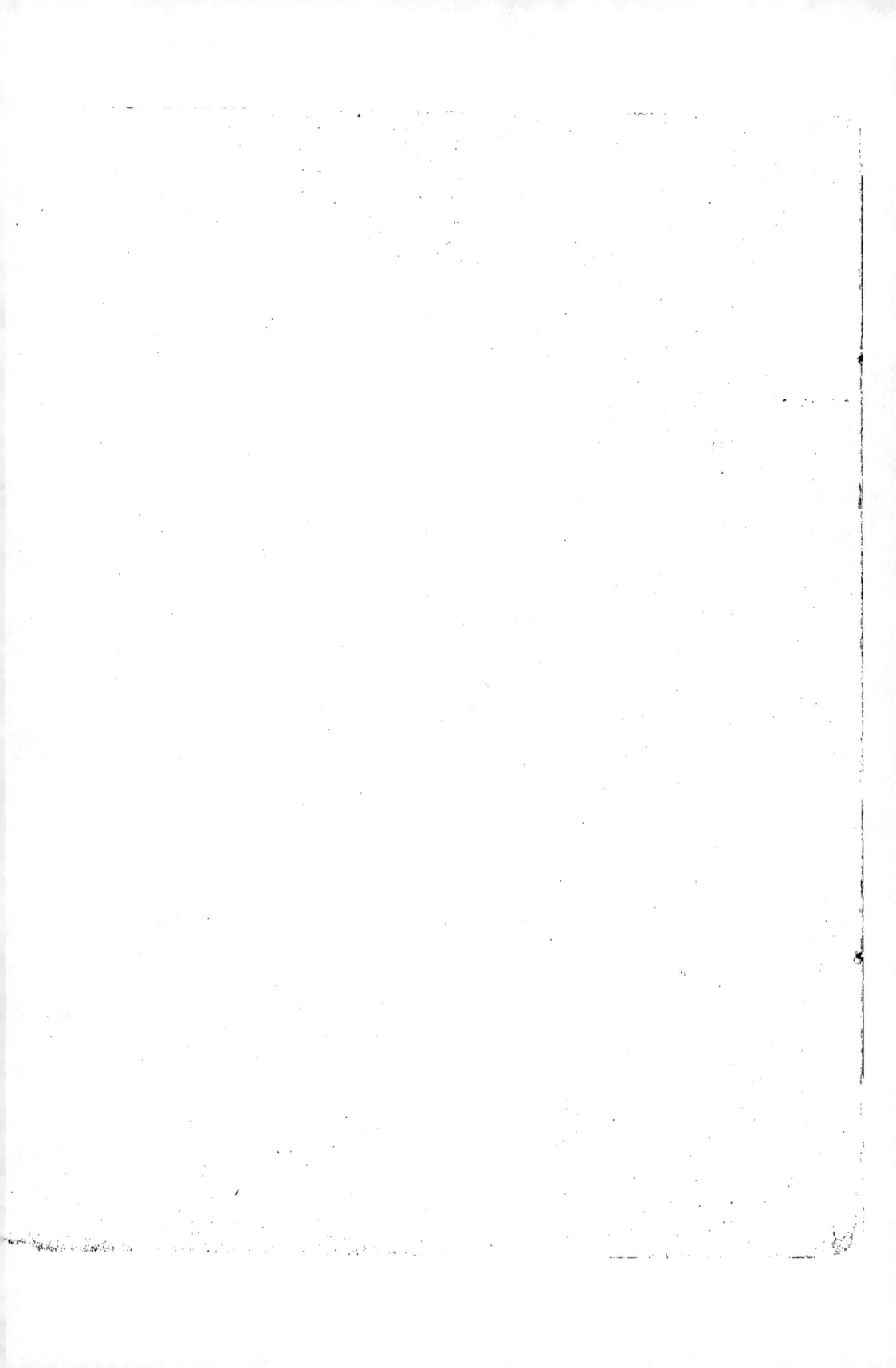

LA CHARTE DE L'ARMÉE

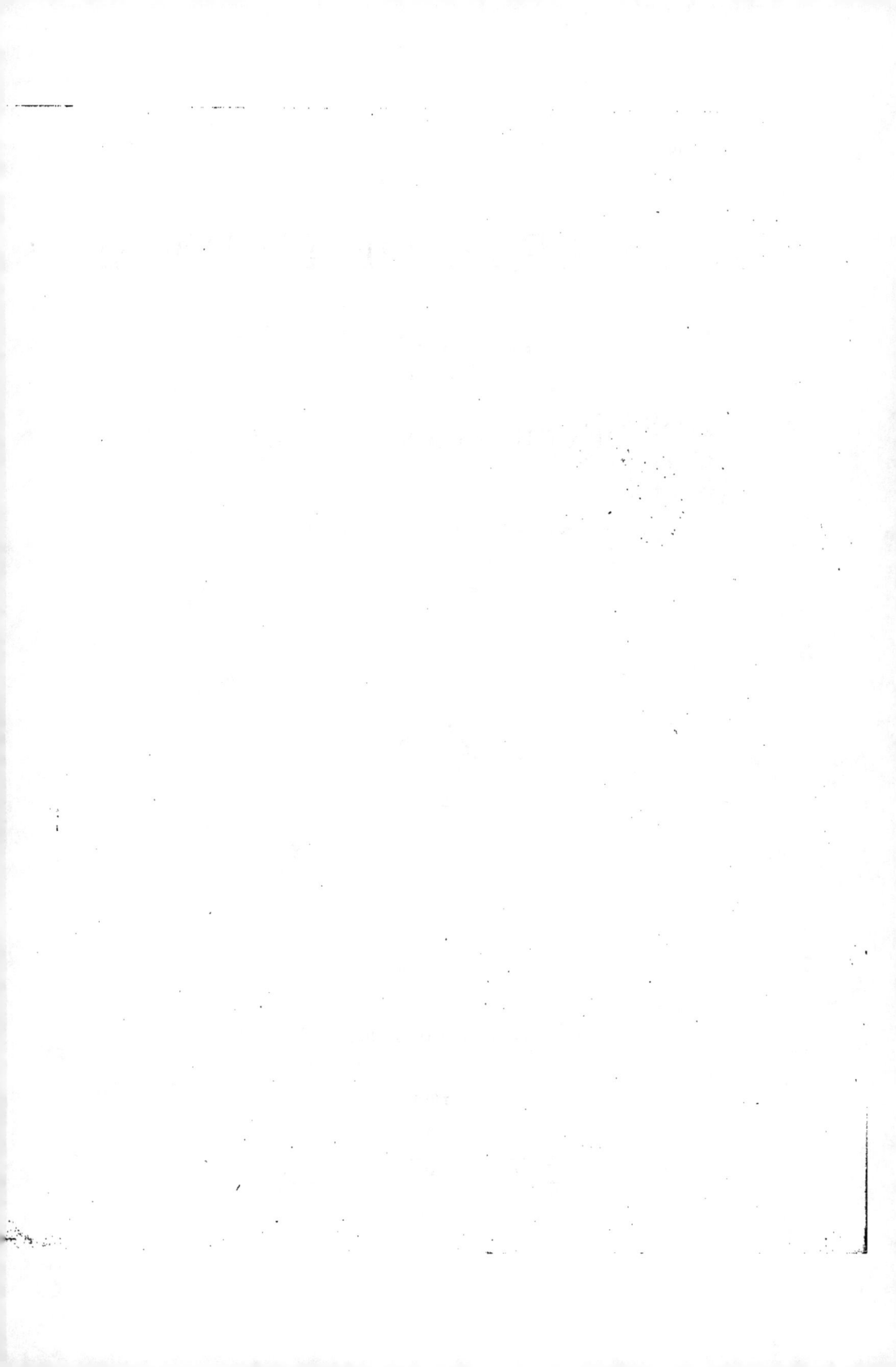

LA CHARTE DE L'ARMÉE

PAR

CHALLAN-BELVAL

Ancien Magistrat, Docteur en droit.

LAON

Imprimerie A. Cortilliot et Cie.

1888

LA CHARTE DE L'ARMÉE

CHAPITRE Ier

LES PRINCIPES DE 1789 ET LA LOI D'EXCEPTION DES 22-23 JUIN 1886.

Sommaire :

A partir de 1790, une *décision en forme de* JUGEMENT a pu *seule* interdire à un *citoyen* présentant les conditions d'aptitude fixées par la loi, l'*entrée* ou l'*avancement* dans la carrière des armes. Toutes les lois militaires sans restriction ont respecté, confirmé ce principe. — Pour certaines personnes, les lois d'exception des 22 janvier 1816, 10 avril 1832, 26 mai 1848, décrets de 1851, ont constitué un *obstacle matériel* à l'exercice de ces droits. Elles ne les ont pas retirés, n'ont prononcé à cet égard ni exclusions, ni incapacités, ni déchéances. — Aussi, en 1871, après l'abrogation des lois d'exil, ces personnes ont recouvré de plein droit dans l'armée les situations, le rang attachés à leur grade. — Les premières propositions dérogeant au principe proclamé en 1790 apparaissent seulement en 1883 : le Sénat les repousse. — Le 22 juin 1886, sur l'initiative du Gouvernement, une loi interdit expressément aux Princes « D'ENTRER DANS NOS ARMÉES ».

Avec la position géographique qu'a la France sur le continent, en face des luttes acharnées qu'elle a dû constamment soutenir contre les puissances voisines, les lois qui peuvent exercer le plus d'influence sur ses destinées sont sans contredit les lois relatives à son organisation militaire.

A toute époque le législateur l'a compris. Aussi, dès sa réunion et pour ainsi dire au lendemain des mémorables séances où elle déclarait *tous les Français égaux devant la loi* (1), inscrivait solennellement en tête de nos Codes le grand *principe de la séparation des pouvoirs* (2)

---

(1) Déclaration des 26 août-3 novembre 1789, articles Ier et 6.
(2) Déclaration des 26 août-3 novembre 1789, art. 16. — Acte des Ier octobre-3 novembre 1789, art. 8, 17 et 19.

comme la plus sûre garantie de cette égalité et des autres droits qu'elle donnait à *tous,* la grande Assemblée de 1789 dont les doctrines nouvelles devaient si complètement transformer le monde, était déjà convaincue que l'unique moyen de procurer à la France une armée, des cadres d'élite, d'écarter à jamais ces institutions féodales qui durant si longtemps avaient sacrifié à la défense du territoire les idées de *Liberté* et d'ÉGALITÉ qu'elle inscrivait sur tous les monuments, en tête de tous ses actes (1), était d'introduire dans son organisation militaire les deux grands principes qu'elle venait d'inaugurer dans l'ordre civil. Elle estimait même qu'un principe de cette importance n'y pouvait, pas plus que dans l'ordre civil, être affirmé par une simple *loi* (2) ; qu'il fallait un acte qui, comme l'acte des 26 Août-3 Novembre, s'imposât également à *tous les* POUVOIRS ; que sur ce point spécial elle devait encore faire elle-même une *Déclaration* (3) assez nette, assez solennelle pour que tout homme de valeur fût à jamais assuré que ni le LÉGISLATEUR, ni la PUISSANCE EXÉCUTIVE ne pourraient dans l'avenir *fermer* cette noble carrière ou en entraver arbitrairement le cours au préjudice de Français qui auraient encore la plénitude des droits de citoyen.

A la date des 28 février-21 mars, 26 juin et 7 juillet 1790 en effet, et sous une rubrique dans laquelle elle déclarait expressément en tracer la *Constitution* (4), la haute Assemblée rendait sur l'organisation de notre armée de terre, puis sur celle de notre armée navale, deux *Décrets* par

---

(1) Les événements justifiaient immédiatement ses prévisions. C'est à cette pensée, à ce principe en effet que la France doit d'avoir eu ces armées, ces grands hommes de guerre comme Bonaparte, Davoust, Ney... avec lesquels elle repoussait tout aussitôt, puis dominait l'Europe, avec lesquels plus tard elle a conquis l'Afrique, affranchi l'Italie, été jusqu'en 1866 comme la première puissance militaire du monde.

(2) Une loi nouvelle aurait pu, en effet, détruire, abroger les règles posées par une loi antérieure.

(3) Par *Déclaration,* l'Assemblée nationale entendait désigner et désignait la proclamation de principes immuables qui devaient enchaîner dorénavant le législateur aussi bien que le juge ou la Puissance exécutive.

(4) Par *Constitution* elle entendait une sorte de *tableau* ou, si l'on veut, de Pacte solennel passé entre le Pays et les trois grands Pouvoirs qu'elle venait d'instituer : pacte ou tableau dans lequel étaient expressément tracés et résumés les droits et les obligations de ces derniers.

lesquels elle faisait une application solennelle de ces grands principes aux armées.

Aux termes bien exprès des articles 1er... de ces deux décrets, elle maintenait formellement au Roi, c'est-à-dire à la Puissance exécutive, le droit de commander, de nommer aux emplois, de conférer les grades... Par les articles 11 et 15..., elle attribuait au législateur le droit de statuer sur *les règles d'admission au service et d'avancement dans les grades.* Dans les articles 5 et 6, par contre, elle reconnaissait expressément aux « *citoyens français* le *droit d'être* TOUS *également admissibles aux emplois et grades militaires* » et déclarait que cette admissibilité constituait désormais un droit auquel *ni* LÉGISLATURES *ni* le POUVOIR EXÉCUTIF *ne pourraient jamais porter aucune atteinte.* Ces articles 5 et 6 portaient effectivement en termes exprès :

Article 5 du décret des 28 février - 21 mars 1790, concernant la Constitution *de l'Armée.* — *Les* LÉGISLATURES *ni le* POUVOIR EXÉCUTIF *ne peuvent porter aucune atteinte au droit appartenant à* CHAQUE CITOYEN *d'être admissible à tous emplois et grades militaires.* »

Article 6 du Décret des 26 juin - 7 juillet 1790. — TOUS les CITOYENS *sont également admissibles aux* emplois *civils et* militaires *de la marine, et les* LÉGISLATURES *et le* POUVOIR EXÉCUTIF *ne peuvent directement ni indirectement porter aucune atteinte à ce droit* (1).

---

(1) Constitution des 26 juin - 7 juillet 1790. — Constitution des 28 février - 21 mars 1790. — Voir Annexes 1 et 2.

En 1789 - 1790, cette promulgation, cette proclamation solennelle des grandes idées de *Liberté,* d'*Égalité,* de *Fraternité,* que dans l'ordre moral le Christianisme avait partout propagées, répandues, sans réussir encore à les faire accepter dans des institutions civiles et politiques assises sur des données absolument contraires, cette proclamation solennelle, dis-je, répondait à un besoin si impérieux, si général, à une réaction si profonde dans toute la société contre un passé tout fait de privilèges et d'inégalités... que dans les mémorables séances des 4, 26 août... 3 novembre... 1789, les délégués des Ordres auxquels ces institutions antérieures faites de privilèges avaient jusque là profité étaient tout les premiers à en décider l'abolition, que sans délai les nouveaux principes de *Liberté,* d'*Égalité,* de *Fraternité,* au nom desquels on allait si vite commettre tant de crimes, au nom desquels encore tous les agitateurs modernes prétendaient justifier le parti qu'ils voulaient tirer des moindres commotions, étaient gravés sur les monnaies, inscrits en tête de tous les actes et documents publics, sur le fronton du moindre monument, — que l'Europe qui d'abord dans l'effroi, le trouble suscités par les crimes qu'en-

Du premier coup d'œil, au simple examen de ces deux décrets dont les diverses dispositions se bornent à l'énoncé des droits et attributions que la haute Assemblée reconnaît au Législateur et à la Puissance exécutive, des limites qu'elle entend mettre à leur action, on est absolument convaincu qu'on est bien en face d'une véritable CONSTITUTION, d'un acte dès lors dont le respect s'impose désormais à tous les Pouvoirs. Du premier coup d'œil encore, mais surtout lorsque l'on rapproche des dispositions écrites dans leurs articles 11 et 15 (1) les principes posés par les articles 5 et 6, on a déjà mesuré la ligne de démarcation bien profonde que la haute Assemblée crée par ces mémorables déclarations entre les *trois Pouvoirs* qu'elle venait d'instituer. En face de l'histoire, des vieux errements du passé, il n'y a même personne qui ne comprenne, qui ne saisisse immédiatement la portée, l'importance capitale du principe absolument nouveau qu'inaugurent ces derniers articles 5 et 6 : il n'y a personne qui ne soit frappé surtout de l'obstacle insurmontable que cette prohibition solennelle voulait mettre aux empiètements de ces deux Pouvoirs dont la confusion et l'omnipotence avaient précisément fait si longtemps litière des idées de justice et de liberté (2).

---

gendraient ces doctrines, s'était absolument levée pour faire obstacle à leur progrès, y trouvait elle même plus tard un motif d'amender et de modifier la base de ses constitutions. — A plus forte raison, à cette date mémorable, l'Assemblée, toute la France devaient-elles réellement éprouver le besoin de promulguer, d'inscrire ces grandes idées en tête de son organisation militaire qui depuis tant de siècles avait été précisément la source, le prétexte des inégalités sociales et autres privilèges qu'on venait d'abolir. A plus forte raison l'Assemblée devait-elle même éprouver le besoin de dire solennellement, comme elle le fit ces 28 février, 26 juin-7 juillet, que des trois Pouvoirs qu'elle venait de disjoindre, les seuls qui pussent vraiment ramener ou rétablir semblables privilèges, ne pourraient à l'avenir jamais porter atteinte aux droits comme à l'*égalité* qu'en cette matière spéciale elle accordait à tous.

(1) *Article 11 du décret des 28 février - 21 mars 1790.* — « *A la législature appartient le droit de statuer : ...sur les règles d'admission au service et d'avancement dans les grades...*» *Article 15 du décret des 26 juin - 27 juillet.* — *Id.*

(2) Sous l'ancien régime, en effet, quoique la séparation des Pouvoirs n'existât pas en principe, le Pouvoir judiciaire était exercé de fait par les Parlements qui avaient longtemps contrebalancé, résisté aux abus de l'omnipotence du pouvoir royal.

En posant ces principes, en donnant à nos armées cette Constitution :
L'Assemblée nationale n'entendait bien certainement pas dénier au
Législateur le droit de fixer les conditions d'aptitude physique et légale
auxquelles *tout citoyen* devait dorénavant satisfaire pour servir dans
l'armée et y gagner les grades, d'édicter les règles suivant lesquelles
aurait lieu l'avancement. Elle voulait seulement que ces conditions, ces
règles tracées, ni le LÉGISLATEUR, ni le POUVOIR EXÉCUTIF ne
pussent arbitrairement interdire le service ou l'avancement à un citoyen
qui se trouverait y satisfaire. — Sans aucun doute encore elle n'entendait
pas dénier au Législateur le droit d'édicter des causes d'exclusion, des cas
d'indignité *applicables sans distinction à tous les citoyens.* Elle exigeait
toutefois : 1° Que ces cas d'exclusion, ces causes d'indignité fussent
toujours la conséquence légale d'une privation totale ou partielle des
droits de *citoyen ;* 2° Que jamais le Législateur ni le Pouvoir exécutif ne
pussent infliger eux-mêmes semblables déchéances. Dans l'esprit, le
système de la haute Assemblée, ces exclusions, ces déchéances ne pourraient jamais atteindre un citoyen déterminé, une catégorie déterminée
de citoyens que par le fait de ceux-ci (1) ou du moins par leur faute (2),
comme conséquence légale d'une décision qu'ils auraient prise, d'une
répression plus grave qu'ils auraient encourue. En certaines circonstances
des questions préjudicielles d'*état*, de *nationalité*, pouvaient surgir. En
l'un et l'autre cas, le POUVOIR JUDICIAIRE, seul compétent d'ailleurs,
devait nécessairement statuer sur ces questions de *peine*, sur ces questions d'*état*, de *nationalité.*

En 1886, ce décret de la haute Assemblée datait déjà d'un siècle. Durant
ce long espace de temps, les révolutions, les régimes les plus divers :
républiques, empires, monarchies, s'étaient succédés. Sous tous ces
régimes comme nous allons le voir, les principes et la répartition des
Pouvoirs inscrits dans cette constitution spéciale que la haute Assemblée
donnait à nos armées, avaient servi de base à toutes les lois qui avaient
touché ou remanié notre organisation militaire. Les lois des périodes

---

(1) Cas de naturalisation en pays étranger.
(2) Cas de destitution, de condamnations prévues par les lois de 1818, 1832, de 1834,...
de perte de la qualité de Français.

les plus violentes elles-mêmes les avaient respectés : les autres en avaient été, *toutes,* la plus expresse affirmation.

Ainsi :

Le 23 août 1793, alors que la Convention est souveraine, au cours de cette terrible période où le tribunal révolutionnaire fait même un crime des opinions politiques, un décret en cinq articles « *met* TOUS LES FRANÇAIS *en réquisition permanente* ». Les citoyens fils ou proches d'émigrés, fils ou proches de Français conduits à l'échafaud, ne sont même pas exclus.

Le 19 fructidor an VI, un décret du Directoire assujettit « *à la conscription* TOUT *Français de sa vingtième à sa vingt-cinquième année* ». Ce décret, lui non plus, ne contient pas d'exclusion de cette sorte.

Pour la première fois en 1810, sur la proposition de Treilhard et « à fin *d'honorer le service militaire* », les auteurs du Code pénal inscrivaient « *l'incapacité de servir dans les armées de la France* » au nombre des incapacités accessoires que la loi attachait désormais à certaines *peines criminelles,* peines qui d'ailleurs font perdre la qualité de *citoyen* (1).

En 1818, conformément à une promesse formelle de la Charte, le gouvernement de la Restauration, les Chambres abolissent la conscription et la remplacent par une *loi de recrutement.* L'article 2 pose encore en principe que TOUT *Français* est *admissible* à servir dans l'armée. Cette fois pourtant la loi militaire mentionne expressément des cas d'indignité, des causes de déchéance : « *Sont exclus,* dit le paragraphe 2 de cet article, *et ne pourront à aucun titre servir dans les troupes françaises les repris de justice et les vagabonds ou gens sans aveu* DÉCLARÉS TELS PAR JUGEMENT ». De même que le Code pénal (2), cette loi du 12 mars 1818 est encore dans les termes, l'esprit des articles 5 et 11 § 4 de la Constitution des 28 février-28 avril 1790. Effectivement en 1818 comme en 1810, 1° les exclusions et déchéances prévues pouvaient être encourues par TOUS *les citoyens ;* 2° chaque application particulière devait être

---

(1) Articles 1er et 28 du Code pénal. (Faustin Hélie. Code pénal, tome 1er, chapitre V, des Peines infamantes.)

(2) Articles précités du Code pénal de 1810.

toujours le résultat d'une faute que le POUVOIR JUDICIAIRE pouvait SEUL constater ou punir.

Le 23 mars 1832, la loi de 1818 qui n'autorisait les appels qu'en cas d'insuffisance des engagements volontaires, fait place à une loi qui renverse le principe, impose à tout Français de 20 ans que le sort, son état physique ou certaines situations déterminées n'ont pas expressément dispensé de cette charge, l'obligation de servir sept ans sous le drapeau. Comme la loi précédente, cette loi nouvelle édicte des cas d'exclusion en son article 2 ; mais cette fois, dans l'usage qu'il fait du droit que lui confère l'article 11 § 4 de la Constitution de 1790, le Législateur tient tellement à affirmer le principe énoncé dans l'article 5 de cette Constitution, que « désormais pour être exclu il faut avoir perdu la qualité de CITOYEN. « *Sont exclus du service militaire et ne pourront à aucun titre servir dans l'armée,* dit l'article 2 : *1° Les individus qui ont été condamnés à une peine afflictive ou infâmante ; 2° Ceux condamnés à une peine correctionnelle de deux ans d'emprisonnement et au-dessus et qui en outre ont été placés par le jugement de condamnation sous la surveillance de la haute justice, et* interdits des droits *civils,* CIVIQUES *et de famille* ». Sous l'empire de cette loi encore : 1° Chaque exclusion est le fait de celui qui l'encourt ; 2° Le POUVOIR JUDICIAIRE seul a statué sur le cas, rendu la décision dont l'exclusion découle.

En 1834, sous l'influence de considérations qui seront développées dans le second chapitre, le Gouvernement, les Chambres croient devoir par une loi votée les 19-23 mai, imprimer désormais aux grades militaires un caractère qui en fasse quelque chose de plus qu'une fonction publique, déclarer le grade absolument distinct de l'emploi (1), faire enfin du premier dans l'ordre militaire une sorte d' « *état* », de *qualité* qu'entoureront des prérogatives et garanties matérielles qui échapperont, le grade acquis, à l'action du Pouvoir. Cette fois encore, c'est au principe consacré par l'article 5 de la Constitution de 1790 que le Législateur de 1834 emprunte ces garanties qui devront faire du grade « *l'état de l'officier* ».

Comme le veut la Charte, le grade est conféré par le chef de l'Etat. Une fois conféré, le titulaire peut sans doute s'en démettre; mais hors

---

(1) Cette distinction entre le grade et l'emploi n'avait, ne pouvait avoir d'autre cause que ce caractère d'*état*, on peut dire de *propriété* que la loi de 1834 allait donner au grade.

ce cas de démission, ni Loi ni Pouvoir exécutif n'y peuvent porter atteinte. Une DÉCISION JUDICIAIRE est indispensable pour constater les causes auxquelles cette loi de 1834 attache la perte du grade.

L'officier ne peut le perdre, dit effectivement l'article 1er, *que par l'une des causes ci-après :*

1° Démission acceptée par le Roi ;

2° Perte de la qualité de Français prononcée par JUGEMENT.

3° Condamnation à une peine afflictive ou infâmante ;

4° Condamnation à une peine correctionnelle pour délits prévus par la Section 1re et les articles 402, 403, 405, 406 et 407 du chapitre II du titre II du livre III du Code pénal ;

5° Condamnation à une peine correctionnelle d'emprisonnement et qui en outre a placé le condamné sous la surveillance de la haute police, et l'a interdit des droits CIVIQUES, civils et de famille ;

6° Destitution prononcée par JUGEMENT D'UN CONSEIL DE GUERRE. — *Indépendamment des cas prévus par les autres lois en vigueur, la destitution sera prononcée pour les causes ci-après déterminées :*

1° A l'égard d'un officier en activité, pour absence illégale de son corps après trois mois ;

2° A l'égard de l'officier en non activité ou en disponibilité, pour résidence hors du royaume sans l'autorisation du Chef de l'État, après quinze jours d'absence ».

Ainsi :

A part le cas de démission, cette perte du grade était, avec cette loi encore, la suite nécessaire d'une faute ou d'un fait personnels de l'officier qui devait la subir.

Au cas d'un changement de nationalité ou de l'une des condamnations prévues par les §§ 3, 4 et 5 de l'article 1er, elle était toujours la conséquence accessoire d'un fait juridique ou d'une peine qui entraînaient la perte ou du moins d'une peine à laquelle la loi pénale permettait aux juges d'attacher la privation des qualité ou droits de CITOYEN.

Au cas de destitution, elle était la conséquence directe et la véritable répression d'un fait que les lois professionnelles avaient expressément prévu.

Quelle que fût la cause de déchéance, perte de nationalité, condamnation ou destitution, *le* POUVOIR JUDICIAIRE *devait nécessairement statuer sur le fait matériel dont elle devait être la conséquence.* Même au cas où la perte de la qualité de Français serait l'effet de la naturalisation en pays étranger, de l'acceptation non autorisée par le Chef de l'Etat de fonctions publiques conférées par un autre gouvernement (1) et où le gouvernement français aurait reçu par voie diplomatique la preuve soit officielle, soit authentique du fait juridique d'où découlait ce changement de nationalité, la loi de 1834 exigeait en termes exprès que les Tribunaux français prononçassent, soit sur l'initiative du préfet, soit sur celle du ministre de la guerre (2), cette déchéance d'où devait résulter la perte du grade.

La destitution, elle aussi, lorsqu'elle était permise, devait toujours être prononcée par JUGEMENT *d'un Conseil de guerre.* Fût-elle le résultat d'une absence illégale de son corps de la part d'un officier en activité, le résultat d'un absence hors du royaume de la part d'un officier en activité, en disponibilité ou en non activité, sans autorisation du Chef de l'Etat, pareil jugement devait intervenir. La loi ne permet plus de « *destitutions administratives.* » (3)

Aux termes de l'article 10 de cette loi, l'officier qui n'aurait pas encore de droits acquis à la retraite, pouvait être *mis en réforme,* c'est-à-dire déclaré non susceptible d'être ultérieurement rappelé en activité, soit pour infirmités incurables, soit par mesure de discipline. Par respect encore pour le principe énoncé à l'article 5 de la Constitution de 1790, cette grave mesure ne pourra, ajoutait l'article 13 de la loi organique de 1834, être prononcée que « *d'après l'avis d'un conseil d'enquête* », et cet avis « *ne pourra,* dit le dernier paragraphe, *être modifié qu'en faveur de l'officier* ». Bref, en ce cas encore, la mesure devait résulter d'un véritable JUGEMENT.

En 1872, la loi des 27 juillet - 17 août substituait au mode de recrutement de 1832 ce principe nouveau que « *tout Français est* personnellement *tenu au service militaire* (4) ». De même qu'en 1834 et comme si l'on eût tenu à affirmer *encore* le principe décrété par la Constitution de

---

(1) Article 17 du Code civil.
(2) Voir Duvergier, Collection des lois, année 1834, page 92, loi du 19 mai 1834, article 1er, note 3.
(3) Duvergier, Collection des lois, année 1834, page 93. Loi du 19 mai 1834, art. 1er, notes 1 et 2.
(4) Article 1er de la loi de 1872.

1790, les seules exclusions que la nouvelle loi édicte prennent leur source dans des JUGEMENTS de condamnation prononcés par les tribunaux et qui ont enlevé aux condamnés tout ou partie des droits de CITOYEN. « *Sont exclus du service militaire*, dit le § 2 de l'article 7, *1° Les individus* » *condamnés à une peine afflictive ou infâmante ; 2° Ceux qui ayant été* » *condamnés à une peine correctionnelle de deux ans d'emprisonnement* » *et au-dessus, ont en outre été placés par le jugement de condamnation* » *sous la surveillance de la haute police et interdits en tout ou partie des* » *droits* CIVIQUES, *civils ou de famille* ».

Cet examen rétrospectif de notre législation militaire ne peut certainement pas laisser de doute. A dater de cette Constitution de 1790, les différentes lois ayant trait à notre organisation militaire ont *toutes* respecté, successivement affirmé les principes et la séparation des Pouvoirs qu'avait inaugurés son article 5. Sous toutes, sans exception, les causes d'exclusion, de déchéance, pouvaient s'appliquer à TOUS LES CITOYENS. Chaque cas d'exclusion, de déchéance était toujours le résultat d'une faute ou d'un fait personnels que le POUVOIR JUDICIAIRE devait *seul* constater ou punir.

Seules, en cet espace d'un siècle, des *lois politiques* imposées tout d'abord par des événements de force majeure, votées plus tard sous l'influence de considérations politiques écartées peu à peu, puis même finalement repoussées par le progrès des mœurs, avaient, sans édicter d'ailleurs à ce point de vue ni exclusions ni déchéances, mis *matériellement* obstacle à ce que ces *droits* et ces *principes* consacrés en 1790 et confirmés depuis par toutes nos lois militaires pussent produire effet au profit de *certains Français* que ces lois d'exception avaient atteints.

Ainsi :

Le 12 janvier 1816, après le retour de l'île d'Elbe, au lendemain des deux invasions, sous la pression de l'Europe qui tenait dans ses mains le sort de la France et qui non contente de s'être assuré la garde de Napoléon et de son fils (1), voyait encore un danger pour elle dans la présence sur notre territoire de certains membres de la famille Bona-

---

(1) Napoléon était transféré à Sainte-Hélène, le roi de Rome devait rester à Vienne auprès de son aïeul.

parte (1), une loi qui accordait en principe amnistie pleine et entière « *à ceux qui directement ou indirectement avaient pris part à l'insurrection...* » des Cent-Jours, conférait au roi Louis XVIII le droit « *d'éloigner de la France ou d'en interdire le territoire* sous peine de déportation » à divers personnages plus gravement compromis désignés dans l'article 2 d'une Ordonnance royale du 24 juillet 1815 et que « dans *le désir qu'avait le Roi de limiter le nombre des coupables,* disait le préambule de la même Ordonnance, on n'avait point encore traduits devant les TRIBUNAUX». « *Pour la tranquillité de l'Europe* », disait encore ce préambule, l'article 4 de la loi d'amnistie interdisait à perpétuité le territoire de la France et intimait l'ordre d'en sortir dans le délai d'un mois, sous les peines portées en l'article 91 du Code pénal, à des membres déterminés de la famille Bonaparte. Et comme pour assurer à cette mesure d'interdiction son entière efficacité, le même article 4 disposait « *que ces personnes ne pourraient jouir en France d'aucun droit civil, y posséder aucuns bien, titre, pensions à elles accordées à titre gratuit..., seraient tenues de vendre dans le délai de six mois les biens de toute nature qu'elles y possédaient à titre onéreux.* »

Les 10-11 avril 1832, au lendemain du sac de l'archevêché de Paris, à la nouvelle des troubles de Vendée, deux ans seulement après la chute de Charles X, une loi interdisait encore le territoire de la France à ce Prince, à ses descendants, aux époux et épouses de ceux-ci. Cette fois pourtant, les Chambres se refusaient *expressément* à attacher à cette mesure « *toute politique* » l'idée de bannissement et à y ajouter aucune *sanction pénale* (2). Elles se bornaient, et à la seule fin de rendre cette interdiction plus efficace, à déclarer comme le législateur de 1816, que ces personnes « *ne pourraient jouir en France d'aucun droit civil, y posséder aucuns biens meubles ou immeubles, en acquérir à titre gratuit ou onéreux ; — qu'elles devraient y vendre dans un délai déterminé tous ceux qu'elles y possédaient ; sinon le délai expiré, il y serait procédé en*

---

(1) Ces préoccupations de l'Europe tenaient à ce que des membres de cette famille y avaient occupé divers trônes.

(2) Voir Duvergier. Collection des lois, année 1832. Loi des 10 et 11 avril 1832, page 132, note 2.

leur nom et dans leur intérêt par l'administration des Domaines ». Enfin, pour ôter à la loi de 1816 ce caractère et cette sanction qu'il leur semblait trop rigoureux d'attacher à la mesure d'interdiction nouvelle, elles abrogeaient par une disposition expresse l'article 4 de cette loi de 1816 et déclaraient que les mesures prises vis-à-vis du roi Charles X et de sa famille seraient désormais seules applicables à la famille Bonaparte.

Le 26 mai 1848, un décret de l'Assemblée nationale déclarait que « *le territoire de la France et de ses colonies, interdit à perpétuité à la branche aînée des Bourbons par la loi du 10 avril 1832, était interdit également à Louis-Philippe et à sa famille* ». Persuadée, comme l'affirmaient alors de hautes autorités, que le principe électif sur lequel allait à l'avenir reposer l'ordre dans l'Etat, était incompatible avec la présence sur le territoire des familles qui la veille représentaient le principe contraire, elle élevait par cette mesure une *barrière matérielle* entre ces familles et la France, mais sous l'influence des mœurs plus douces qui déjà en 1832 avaient fait enlever à cette mesure *politique* tout ce qui pouvait lui donner les apparences d'une peine, elle se refusait à y ajouter les prohibitions et incapacités accessoires précédemment votées pour rendre cette interdiction efficace.

En 1851, les décrets dictatoriaux qui avaient suivi le Deux-Décembre avaient bien encore fermé le territoire à des personnes déterminées, spolié de fait les Princes d'Orléans : ils avaient du moins respecté le progrès des mœurs, gardé sur l'exercice des droits civils le même silence que le décret de l'Assemblée. Sous l'Empire même, le 2 juillet 1870, MM. *Jules Favre* et *Grévy* demandaient au Corps législatif d'abroger ces lois : « Notre honneur d'hommes politiques, disait M. Jules Favre, nous » conseille de laisser à nos successeurs ce grand enseignement : *l'impos-* » *sibilité des proscriptions futures* par le refus que nous aurons fait de » nous associer aux proscriptions du passé et aux proscriptions du » présent (1) ».

Après le Quatre-Septembre, personne dans les gouvernements de Paris et de Tours, en 1871 personne dans l'Assemblée nationale, n'avait même eu la pensée de proscrire, d'éloigner de la France la famille qui

(1) *Journal officiel* du 3 juillet 1870. Séance du 2 juillet, page 1161, colonne 4.

venait d'y occuper le trône. Loin de là : A cette Assemblée de 1871, deux membres de la famille d'Orléans étaient élus. Ces élections obligeaient l'Assemblée à examiner et décider tout à la fois si le décret précité du 26 mai 1848 n'aurait pas rendu ces Princes inéligibles et si dans le cas de la négative les circonstances comme les principes permettaient d'effacer l'obstacle matériel que ce décret avait mis à l'exercice du mandat qui leur était confié. L'insurrection du 18 mars, l'occupation allemande, le désir d'écarter toute question susceptible de compromettre la libération du territoire ou le succès de l'emprunt destiné à payer sa rançon, obligeaient tout d'abord à surseoir à cet examen. Le 2 juin, l'Assemblée l'abordait et la faible minorité qui s'opposait à l'abrogation immédiate de ces lois de 1832, de 1848, se demandait seulement si la prompte libération du territoire n'obligeait pas l'Assemblée à renvoyer cette mesure au jour où elle aurait doté la France d'une Constitution et d'un Pouvoir exécutif (1). Pour tous les partis, dans le silence qu'avaient gardé les lois de 1816 à 1848 sur les *droits politiques*, on ne pouvait admettre, sans violer tous les principes, une incapacité qui découlerait seulement d'une *interprétation* ou *extension* qu'on donnerait à ces lois. L'obstacle *matériel* qu'elles avaient mis seulement à l'exercice des droits *sans d'ailleurs en priver,* disparaissait avec celles-ci : les deux Princes étaient donc valablement élus. Seul M. Thiers, encore chef du Pouvoir exécutif, observait « qu'en l'état du Pays, pour la paix intérieure, le crédit de la France, sa prompte libération », il préférerait une loi éloignant du Pays toutes les familles qui y avaient régné : il ajoutait toutefois qu'il voterait, comme il le fit, l'abrogation des lois d'exil.

Ces lois abolies, tous les membres des familles ayant régné en France pouvaient y prendre rang parmi les citoyens. Les Bourbons de la branche cadette s'empressaient de le faire, remplissaient les mandats électifs qui leur étaient confiés, entraient dans les armées qu'il nous fallait reconstituer. Par une autre conséquence légale de l'abrogation du décret de 1848, ceux d'entre eux qui y avaient jadis occupé de hauts grades reprenaient dans les cadres la place que ces hauts grades devaient leur assigner ; un autre, le duc de Chartres, qui sous un nom d'emprunt en

---

(1) Voir *Journal officiel* des 2, 3, 7 et 8 juin 1871, pages 1196, 1203, 1266, 1267...

avait obtenu au cours de l'invasion, y était expressément maintenu par la commission chargée de réviser les grades alors donnés. En 1872, nos officiers généraux tous plus ou moins mêlés à nos désastres ne pouvaient présider le conseil de guerre chargé de prononcer sur la capitulation de Metz : les commandements qu'il avait eus devant l'ennemi faisaient attribuer au duc d'Aumale cette importante mission. Plus tard il commandait et organisait le 7e corps d'armée ; à une date toute récente, on lui confiait les fonctions de Général inspecteur des grands corps, de Président de la Commission de classement. En tous ces cas, par chacun de ces actes, le Pouvoir exécutif comme la haute Assemblée de 1871 affirmait solennellement que l'interdiction du territoire prononcée le 26 mai 1848 n'avait nullement touché aux droits dont elle entravait matériellement l'exercice.

De leur côté, en toute occasion, ces Princes avaient justifié par leur attitude ces actes par lesquels les deux Pouvoirs revenant à leur égard aux principes tracés par la Constitution militaire de 1790, avaient voulu, comme MM. Grévy et Jules Favre le demandaient déjà le 2 juillet 1870, « protester contre les proscriptions du passé » (1). — Sans doute en 1873, lorsque l'Assemblée était encore hésitante sur la forme définitive qu'elle devrait donner à nos institutions, le chef de la famille d'Orléans, sur les sollicitations d'une majorité qui voyait encore dans la forme républicaine un danger pour la France, avait fait une démarche qui reconciliait sa branche avec la branche aînée. Mais lorsque les dissentiments survenus entre le chef de celle-ci et l'Assemblée souveraine avaient mis cette Assemblée dans l'alternative de rétablir la Monarchie au profit des Bourbons de la branche cadette ou de donner à la France une Constitution républicaine, ils avaient tous affirmé par leur attitude effacée, ainsi que le faisait remarquer le 12 février 1883 un sénateur de la gauche, M. l'amiral Jauréguiberry (2), qu'ils n'entendaient pas tirer profit de ce dissentiment, et comme s'ils eussent tenu à justifier cette abrogation demandée par M. Jules Favre comme un progrès des mœurs, ils n'avaient usé ni de leur présence dans le pays, l'armée ou les Assemblées, ni de leur influence sur une majorité où ils comptaient tant d'amis, pour faire

---

(1) *Journal officiel* du 3 juillet 1870. Ch. des députés. Séance du 2 juillet, p. 1161, col. 4.

(2) *Journal officiel* du 13 février, Sénat, page 124.

écarter les institutions républicaines. En 1875, l'Assemblée comme elle en avait pris l'engagement les 13-19 mars 1873 (1), leurs partisans (2) donnaient à la France une Constitution et adoptaient cette forme de gouvernement : selon le vœu que le duc d'Orléans exprimait dans son testament en 1840, ils demandaient seulement à exercer encore leurs droits de citoyens.

Comme l'avait immédiatement compris M. Thiers, ainsi qu'il l'observait dès 1871 (3) aux Municipalités qui étaient venues lui confier leurs appréhensions de voir disparaître la forme républicaine, avec une majorité dont les intérêts et les principes conservateurs étaient un gage assuré du relèvement de nos finances et de la reconstitution du Pays, l'épreuve provisoire qu'on faisait de cette forme devait nécessairement profiter à cette sorte de gouvernement. En 1876, en face de ces cinq ans d'épreuve, de la libération du territoire, des excédants budgétaires, de cette Constitution républicaine votée par une majorité notoirement monarchiste, les électeurs envoyaient une députation républicaine, mais qui avait du gouvernement et de la république une idée tout autre que M. Thiers et les auteurs de la Constitution. Dès 1877, le chef du Pouvoir exécutif en désaccord avec la Chambre sur ces points importants, tentait un appel au Pays pour obtenir une majorité d'opinions moins extrêmes : plus tard, en 1880, en 1885, la lutte continuait encore entre les partis dont quelques-uns refusaient toujours leur confiance à la République ou se faisaient une autre idée de cette forme de gouvernement. — A chaque épreuve, l'attitude des Princes avait toujours attesté que ni leur présence sur le territoire ni leurs positions dans l'armée n'étaient incompatibles avec ce régime.

Pour la première fois en 1883, au décès du chef de la famille royale, un manifeste du prince Napoléon, lancé à dessein par ce Prince sans prestige, avait appelé l'attention du Pouvoir législatif sur les familles qui avaient autrefois régné dans le Pays, et sur la situation officielle

---

(1) Article 5 de la loi des 13-19 mars 1873.

(2) La majorité qui a voté cette Constitution comprenait un grand nombre de représentants notoirement amis et partisans des Princes.

(3) Il l'a déclaré lui-même dans la séance du 8 juin 1871.

que quelques Princes de la famille d'Orléans y avaient dans l'armée. — Le 16 janvier, en effet, M. le député Floquet déposait un projet de loi qui devait *interdire le territoire de la France, de l'Algérie et des colonies à tous les membres des familles ayant régné et leur ôter la jouissance de tous « droits politiques »*. En face de l'urgence acceptée par la majorité et afin sans nul doute d'écarter une mesure dont il ne voulait pas assumer la rigueur, le gouvernement, le 20 janvier, répondait par ce contre-projet qui devait, lui, assimiler les Princes à ces individus réellement impliqués « dans l'usurpation de 1815 et que seulement *pour diminuer le nombre des coupables* (1), le roi Louis XVIII ne voulait pas livrer aux tribunaux » (Loi du 12 janvier 1816) :

Article 1er. — Un décret du Président de la République rendu en conseil des ministres pourra interdire à tout membre d'une des familles qui ont régné en France et dont la présence serait de nature à compromettre la sûreté de l'État, de sortir immédiatement du territoire de la République.

Article 2. — Toute personne énoncée en l'article précédent qui après avoir été conduite à la frontière et être sortie de France par suite des mesures susdites, y serait rentrée sans autorisation du gouvernement, sera traduite devant les tribunaux correctionnels et condamnée à un emprisonnement de un à cinq ans.

Article 3. — Celles des personnes énoncées aux articles précédents qui font partie de l'armée peuvent quelle que soit l'arme à laquelle elles appartiennent, être placées dans la position de disponibilité prévue par la loi de 1834 (2).

Dans cette même séance (3) et « *à l'effet de faire rayer des cadres* » les Princes d'Orléans officiers dans l'armée, MM. Ballue et Lockroy déposaient un projet pour « abroger la loi du 1er avril 1874 qui avait conféré leurs grades aux ducs d'Alençon et Penthièvre, et annuler la décision par laquelle la commission législative chargée de réviser les grades avait, en 1871, maintenu au duc de Chartres le grade par lui gagné devant l'ennemi au cours de l'invasion ». En même temps que ce projet de loi, ces députés déposaient un *projet de résolution* d'après lequel la Chambre devait « inviter le gouvernement à rapporter par décret l'ordonnance

---

(1) Cette loi de 1816, nous l'avons vu, page 15, avait été votée sous la pression de l'Europe...

(2) *Journal officiel* du 20 janvier. Chambre des députés, pages 79-81.

(3) Id. page 81.

royale du 11 novembre 1837 et l'article 73 de celle du 16 mars 1838, et à déclarer dans la même forme que les ducs de Nemours et d'Aumale qui tenaient leurs grades de ces ordonnances, cesseraient de compter parmi les officiers ». A prendre l'exposé des motifs dont ils donnaient lecture, ces Princes, en 1874 comme sous la Monarchie, avaient bénéficié de *mesures d'exception,* de *privilèges* qui constituaient une *violation* de la loi organique du 14 avril 1832, et sous les institutions républicaines surtout, ils ne pouvaient bénéficier des garanties données par la loi de 1834 aux autres officiers. Par respect pour la décision de la commission parlementaire qui avait, en 1871, prononcé au nom et par délégation de l'Assemblée, on demandait aux Chambres de rendre à cet égard, comme pour la loi de 1874, une loi qui déclarerait non avenus les grades par elles donnés : quant aux ordonnances royales de 1837 et 1838, leur caractère permettait, disait-on, de les rapporter par décret.

En face de semblables propositions, le ministre de la guerre, le général Billot, avait immédiatement dit à la tribune qu'il résignait son portefeuille afin « de demeurer étranger à des mesures qui pour lui étaient TOUTES une *atteinte au statut de l'armée...*» Le gouvernement, la commission chargée de présenter un rapport sur ces divers projets, repoussaient, eux aussi, la proposition de M. Floquet qu'ils trouvaient « *excessive* » (1), ne voulaient pas non plus s'associer aux critiques de MM. Ballue et Lockroy contre la décision de la commission des grades, ni voir dans l'origine exceptionnelle ou privilégiée des grades donnés aux Princes un motif d'interdire à ceux-ci tout emploi dans l'armée. Le 27 janvier et d'un accord commun, ils demandaient que cette interdiction fût prononcée par le motif « que ces officiers *étaient Princes et qu'en cette qualité ils ne pouvaient être traités qu'en étrangers au point de vue du droit républicain* ». Le projet qu'ils déposaient était ainsi conçu :

Article 1er. — Les membres des familles ayant régné en France ne pourront remplir aucun mandat électif, ni aucun emploi civil ou militaire.

Art. 2. — (Art. 1er du projet du gouvernement).

Art. 3. — (Art. 2 du même projet.)

Un abîme qu'on aperçoit au premier coup d'œil séparait ce projet de

---

(1) *Journal officiel* du 28 janvier 1883, Chambre des députés, page 172.

celui qu'avait proposé tout d'abord le gouvernement. On ne se contentait plus de placer les Princes qui occupaient des grades dans nos armées dans la position de *disponibilité*. On leur retirait en tant que *citoyens* le droit d'être *éligibles*, d'*exercer une fonction publique*, d'*entrer dans nos armées*.

Quant à ceux qui déjà figuraient dans nos cadres, comme on tenait essentiellement à conserver aux grades le caractère inviolable que la loi organique de 1834 leur avait imprimé, le projet, disait le ministre de la guerre à la tribune, ne visait que leur emploi (1), les grades demeuraient leur propriété, bref : « *On créait simplement pour ces Princes une catégorie spéciale d'officiers en retrait d'emploi* (2) ». Les termes de l'article 1er, disait même le rapporteur de la commission (3), avaient été « *précisément adoptés pour aller au-devant des scrupules qui pourraient naître de ce chef.* »

Dès le 2 février, au nom des grandes idées de Liberté, de Justice, pour le progrès des mœurs et comme en 1870 MM. Jules Favre, GRÉVY, Esquiros, des républicains convaincus comme MM. Andrieux, de la Forge, de la nuance la plus accentuée comme MM. Henry Maret et Barodet, se faisaient un devoir de protester à la tribune contre *toute proscription, toute incapacité.* M. Madier de Montjau adjurait du moins la Chambre d'interdire *elle-même* le territoire, comme l'Assemblée nationale en 1848, aux membres des familles qui y avaient régné et de ne pas conférer au Pouvoir exécutif, « *en le mettant aux lieu et place du législateur* », une faculté d'expulsion arbitraire « *qui pouvait*, disait-il, *devenir applicable à tous les citoyens* » (4).

A la suite d'un ardent débat, la Chambre, à la demande du gouvernement, repoussait les projets de MM. Ballue et Lockroy qu'on avait reproduits sous forme d'amendement afin de faire ôter aux Princes les grades

---

(1) En face de la loi de 1832 qui déclarait le grade distinct de l'emploi, voulait que le second fût toujours à la disposition du Pouvoir, rien n'était plus admissible que cette explication.

(2) *Journal officiel* du 2 février 1883, Chambre des députés, page 218, colonnes 2 et 3.

(3) Id. id. page 172.

(4) *Journal officiel* du 2 février, Chambre des députés, pages 202, 204, 1re et 2e colonnes.

qu'ils occupaient. Elle votait au contraire ce projet de la commission qui permettait de leur enlever *tout emploi, tout mandat électif...*

Au Sénat, le rapporteur, M. Allou, l'une des plus hautes sommités du barreau de Paris, déniait tout d'abord au Législateur comme au Pouvoir exécutif, « *au nom d'une loi supérieure à l'encontre de laquelle on ne pouvait créer de droit,* » ce prétendu « *droit que le projet* voté par la Chambre *revendiquait pour le gouvernement* », puis faisant un retour sur les dispositions analogues prises dans le passé, montrait le législateur témoignant à chaque révolution une répugnance plus marquée, enfin abandonnant absolument « *ces lois de personnes... ces lois de proscription* (1) ». — Le 13 février, M. Henri Martin, le grand historien, déclarait au Sénat qu'il n'était pas possible « *d'envelopper dans les mesures concernant la dynastie qui nous avait valu les démembrements de 1814, 1815, 1870, ces Princes d'Orléans qui en 1848, alors qu'ils étaient en possession de hauts grades portés avec honneur depuis de longues années, s'étaient abstenus,* comme ils l'avaient fait depuis 1870, *de tout acte pouvant troubler le gouvernement nouveau, jeter la division dans le pays ou dans l'armée* ». De concert avec M. Barbey, il déposait un contre-projet qui supprimait l'article 1er du projet voté par la Chambre, subordonnait la faculté d'expulsion que ce projet conférait au gouvernement à cette condition qu'il y aurait eu de la part de l'expulsé des « *manifestations ou actes de nature à compromettre la sûreté de l'État* », enfin autorisait seulement à placer « *dans la position de disponibilité* » les Princes investis de grades militaires (2). Tout aussitôt, M Léon Say faisait observer que le projet, l'amendement, allaient tous deux transformer le Pouvoir exécutif « *en la plus haute commission* » qu'on pût organiser, laquelle jugerait les gens sans les entendre et en dehors des garanties de tout jugement ». Le rapporteur enfin, M. Allou, montrait que dans l'amendement comme dans le projet « *le gouvernement était le juge* », qu'il n'y avait « *pas de règles, pas d'instruction, pas de contrôle*

---

(1) *Journal officiel* du 9 février 1883, séance du 8, page 97 3e colonne. — *Journal officiel* du 11 février, Sénat, pages 108, 109, 112, 3e colonne.
(2) *Journal officiel* du 13 février, Sénat, page 131, 2e colonne.

et pas de garanties... C'était, disait-il, *l'équivalent des commissions mixtes...* (1) ».

En face de considérations aussi péremptoires, le Sénat avait dû repousser le projet et le contre-projet.

Malgré ce vote contraire, le vingt-cinq février, le même gouvernement qui aurait voulu, le 20 janvier, qu'une loi lui dictât pareille mesure, prenait sur lui d'appliquer aux Princes de la famille d'Orléans qui possédaient des grades les dispositions de la loi organique de 1834 qui l'autorisaient à les placer dans *la position de non activité par retrait d'emploi comme tous les officiers* (2). — Plus tard le Congrès du 14 août 1884 qui révisait la Constitution, les lois électorales du Sénat et de la Chambre déclaraient par disposition expresse les *Princes inéligibles à la présidence de la République et aux deux Assemblées.* Fidèles à cette attitude que le 13 février 1883 M. Henri Martin rappelait à la tribune, les Princes d'Orléans avaient comme en 1848, comme en 1875, affirmé encore leur volonté « *de ne jamais entraver le Pouvoir établi* », accueilli en silence ces lois et mesures d'exception contre lesquelles tout citoyen eût protesté. Les électeurs seuls, au lendemain des expéditions sans profit, en face des déficits annuels qui succédaient aux excédants budgétaires, avaient en octobre 1885, affirmé moins de foi dans les institutions républicaines.

Cette attitude des Princes, ces quinze années d'épreuve, l'assurance que le 11 juin le ministre lui-même devait donner aux Chambres qu'il n'y avait de ce côté *ni conspiration*, ni *menace d'un danger matériel pour la République* (3), n'empêchaient pourtant pas, en 1886, une loi d'aller plus loin.

Bien qu'ils ne fussent en France que simples citoyens sous le régime nouveau que le Pays s'était donné, les Princes de la famille d'Orléans voyaient pourtant encore leur alliance recherchée par les Princes qui régnaient sur des nations voisines. A cette date de 1886 et comme avait fait déjà le roi Alphonse, l'héritier du trône de Portugal la recherchait et

---

(1) *Journal officiel* du 13 février 1883, Sénat, pages 132, 134 2e colonne.

(2) *Journal officiel* du 25 février 1883, *Documents officiels.*

(3) *Journal officiel*, séance du 11 juin 1886, Chambre des députés, M. de Freycinet, pages 1069 à 1080.

demandait la main d'une fille du Chef de leur Maison, qu'un lien des plus étroits d'ailleurs unissait à l'Espagne. A cette occasion même, le gouvernement de la République avait cru devoir exprimer officiellement à la Cour de Lisbonne la satisfaction que lui causait un mariage *qui, disait notre ambassadeur, resserrait encore les liens existant entre les deux pays.* Le Comte de Paris alors et seulement pour permettre à ses nombreux amis de prendre congé de la Princesse qui devait bientôt quitter la France, avait donné une réception et cru devoir comprendre parmi ses invités quelques ambassadeurs avec lesquels, même en exil, il avait eu comme sa famille des relations d'intimité. Tout aussitôt ces invitations de haute convenance, cette « *fête de famille* », comme disait le 22 juin au Sénat le rapporteur de sa commission, M. Bérenger, prenaient aux yeux du gouvernement, de certains députés, le caractère d'une « *manifestation de nature à faire croire qu'il y avait à côté de la République un autre gouvernement* (1) ». Le 27 mai, sous prétexte « *que la seule présence des Princes sur le territoire à côté de la République était une maladie chronique à laquelle enfin il fallait mettre un terme* » (2), le Ministère lui-même prenait l'initiative, laissait habilement de côté les exclusions et incapacités qui avaient jusque là soulevé des résistances, ces conditions de forme avec lesquelles le Gouvernement aurait, ainsi qu'on l'observait en 1883, rempli l'office du Juge et du Législateur, déposait simplement ce projet par lequel il demandait qu'une Loi le mît à même de prendre à l'encontre des Princes, s'il en était besoin, une mesure d'expulsion dans des formes et sous une sanction pénale analogues aux formes, à la sanction que contenait la loi du 11 décembre 1849 sur l'*expulsion des étrangers* (3) :

« *Art. 1ᵉʳ. — Le Gouvernement est autorisé à interdire le territoire de la République aux*

---

(1) (2) *Journal officiel*, année 1886, Chambre des députés, séance du 11 juin, pages 1071, 1069.

(3) Loi des 3-11 décembre 1849, art. 7. Le *Ministre de l'intérieur* pourra, par mesure de police, enjoindre à *tout étranger*... de *sortir* immédiatement du territoire français...

Art. 8. — Tout étranger qui se sera soustrait à l'exécution de ces mesures ou... sera rentré en France sans la permission du Gouvernement... sera condamné à un emprisonnement d'un mois à six mois. A l'expiration de sa peine, il sera conduit à la frontière.

membres des familles ayant régné en France. L'interdiction est prononcée par UN ARRÊTÉ DU MINISTRE DE L'INTÉRIEUR, *rendu en Conseil des Ministres.*

Art. 2. — Celui qui en violation de l'arrêté d'interdiction sera trouvé en France, dans l'Algérie ou les colonies, sera puni d'un emprisonnement de deux à cinq ans. A l'expiration de sa peine, il sera reconduit à la frontière. »

Le 8 juin, après un vif débat, la Commission chargée de faire un rapport sur cette proposition, déposait au contraire un projet d'après lequel une Loi devait immédiatement :

1° Interdire le territoire de France à TOUS *les membres des familles qui y avaient régné ;*

2° Joindre à cette interdiction la sanction d'une peine d'emprisonnement, quoique le 26 mai 1848 l'Assemblée nationale eût déjà refusé d'ajouter une sanction à semblable mesure.

Devant cette Commission, à la Tribune, le ·Président du Conseil repoussait ce projet revenant en arrière de plus d'un demi-siècle qui aurait du même coup *expulsé tous les Princes* du territoire français où ils avaient pendant quinze ans vécu paisiblement sans jamais conspirer (1). Le 11 juin, pour écarter cette loi qui eût produit en France et sur l'Europe une impression fâcheuse, M. Brousse, l'un des membres de la Commission, présentait, à la prière de M. de Freycinet, un amendement qui du moins limitait l'expulsion immédiate aux membres des familles ayant régné en France qui y auraient été les héritiers du Trône, et qui *sauf ce qui touche le service militaire* reproduisait vraiment pour tous les autres Princes le projet repoussé en février 1883 :

Art. 1er. — Le territoire de la République est et demeure interdit aux chefs des familles ayant régné en France et à leurs héritiers directs par ordre de primogéniture.

Art. 2. — Le Gouvernement est autorisé à interdire le territoire de la République aux autres membres de ces familles. L'interdiction est prononcée par un décret du Président de la République, rendu en Conseil des Ministres.

Art. 3. — Celui qui en violation de l'interdiction sera trouvé en France, en Algérie ou dans les colonies, sera puni d'un emprisonnement de deux à cinq ans. A l'expiration de sa peine il sera reconduit à la frontière.

---

(1) *Journal officiel*, séance du 8 Juin 1886, Chambre des députés, page 1041. — Projet du Gouvernement. *Journal officiel*, séance du 11 Juin, page 1080.

Art. 4. — Les membres des familles ayant régné en France NE POURRONT ENTRER DANS LES ARMÉES *de terre et de mer, ni exercer aucune fonction publique, aucun mandat électif.*

De même que le projet de 1883, cet amendement interdisait effectivement aux Princes que déjà le Congrès de 1884 et les lois relatives aux élections des Chambres rendaient inéligibles à la Présidence de la République et aux deux Assemblées, d'exercer désormais aucune fonction publique.

En ce qui touche au contraire le service militaire, le projet antérieur de 1883 avait surtout pour but, pour objet principal, avéré (1), de fournir au Ministre un motif d'exercer vis-à-vis de ces Princes qui occupaient alors des grades en nos armées le pouvoir qu'il tenait des deux lois organiques de 1832 et 1834 de retirer l'emploi correspondant aux grades dont ils étaient pourvus. Le 25 février, au lendemain même du jour où le Sénat avait repoussé ce projet, le Gouvernement usant du droit incontesté qu'il tenait des deux lois qui précèdent mais dont il eût voulu que le Législateur approuvât l'exercice, avait placé ces Princes, ainsi qu'il le pouvait, dans la *position de non-activité par retrait d'emploi.* En 1886 donc, cette mesure qui, nous le montrerons, était d'ailleurs la *seule* que comportât le caractère du grade (2), était à l'état de fait accompli, et comme dans ces familles les Princes à l'égard desquels on l'avait prise, étaient les seules personnes qui fussent alors dans nos armées, les Chambres à cette époque, si l'on voulait comme le Président du Conseil le déclarait d'ailleurs à la tribune, respecter réellement le caractère du grade (3), n'avaient qu'à disposer simplement

---

(1) *Journal officiel* du 2 Février 1883, Chambre des députés, page 172, page 218, colonnes 2 et 3.

(2) Voir plus loin, pages 32....

(3) Le 11 Juin en effet, le jour même où la Chambre votait cette loi, M. de Freycinet pour faire admettre les incapacités... disait que les Princes avaient constamment profité sous la Monarchie de *Lois d'exception,* de *dérogations au droit commun,* de *privilèges,* reçu notamment *dans l'armée ces nominations, ces grades qui étaient restés et demeuraient* LEUR PROPRIÉTÉ *après que ces Lois avaient vécu... Journal officiel,* 11 Juin 1886, Chambre des députés, pages 1071, 1080.

pour l'avenir. Dans le but manifeste d'éviter au sujet de ces grades dont la propriété avait été d'ailleurs formellement reconnue par l'Assemblée nationale en 1871, par le Ministre de la guerre à la tribune le 2 février 1883, consacrée même depuis par le maintien des titulaires sur les contrôles, un débat irritant, sans intérêt pratique (1), cet amendement que M. Brousse proposait le 11 juin à la demande du Ministre, disposait en effet qu'à l'avenir *les Princes de ces familles ne pourraient pas* ENTRER *dans les armées.*

Cette fois encore, MM. de La Forge, Henry Maret, Barodet, à la Chambre : la Commission, MM. de Pressensé, Dide, Schérer, au Sénat, protestaient énergiquement contre toute proscription (2). Nonobstant leurs efforts, les 11 et 22 juin, la loi était votée. Ainsi, — après quinze ans d'épreuve, alors qu'une Assemblée dans laquelle ils comptaient de si nombreux partisans, dans laquelle même certains d'entre eux avaient siégé, avait donné à la France une Constitution républicaine : en l'absence de toute conspiration, de toute menace pour ces institutions, sans autres motifs que la foi monarchique de nombre d'électeurs, — une loi faisait revivre contre ces Familles dont l'une, comme le rappelait M. Henri Martin, s'était en 1848, au lendemain de sa chute, nonobstant les hauts grades que ses membres avaient alors dans les armées, abstenue de tout acte pouvant entraver les Pouvoirs nouveaux, une loi faisait revivre, disons-nous, des mesures d'exception dès longtemps répudiées. Elle allait même plus loin vis-à-vis de ces Princes que les lois antérieures TOUTES votées au lendemain d'une véritable lutte !

Lorsqu'elle interdisait le territoire aux Princes, la proscription sans doute sous ces lois antérieures avait bien mis de fait un obstacle à ce que ces Princes y pussent user de leurs droits politiques : jamais, juridiquement du moins, elle n'avait emporté *privation de ces droits.*

---

(1) Sous l'empire de la loi de 1832, avec la séparation du grade et de l'emploi, cette question de propriété du grade était absolument sans intérêt pratique puisque le Gouvernement n'est jamais tenu de donner un emploi à l'Officier, qu'il peut le laisser toujours dans la position de non-activité.

(2) *Journal officiel*, séance du 11 Juin, Chambre des députés. — Id. Id. séance du 22 Juin au Sénat.

Depuis longtemps elle ne comportait plus aucune sanction pénale. — La loi du 22 juin édictait contre TOUS de *véritables exclusions*, de *véritables déchéances*. Ceux mêmes que le Gouvernement jugera devoir laisser en France pourront user du droit de réunion, du droit de vote ; ils se trouvent au contraire absolument exclus des plus humbles fonctions, des plus modestes assemblées. Au mépris de cette « *Constitution militaire de 1790* » dont l'article 5 déniait si formellement au Législateur le pouvoir de porter atteinte au droit « *qui appartenait à tous les citoyens d'être également admissibles à tous les emplois et grades militaires* », au mépris des lois subséquentes qui *toutes* avaient affirmé ce principe, ces Princes laissés en France *n'y peuvent même à l'avenir* ENTRER *dans les armées ! ! !*

CHAPITRE II

LES DÉCISIONS MINISTÉRIELLES DES 23-26 JUIN 1886 ET LES LOIS
ORGANIQUES DES 14 AVRIL 1832 ET 19 MAI 1834

Sommaire :

Les 23-26 Juin, 3 Juillet 1886, le Ministre de la guerre fait rayer des contrôles les Princes qui occupaient des grades en nos armées. — Depuis 1834, le GRADE constituait un ETAT, une PROPRIÉTÉ qu'un JUGEMENT pouvait seul enlever à l'officier. — Dans les conditions de droit où chacun des Princes d'Orléans avait reçu son grade, en face des décisions souveraines qui avaient reconnu, consacré la légalité de tous, ces grades bénéficiaient des caractère et garanties donnés en 1834.

———————

Cette atteinte que le Pouvoir législatif portait le 22 juin dans la personne des Princes à ces deux grands principes de la *Séparation des Pouvoirs* et de l'Egalité devant la Loi dont les déclarations solennelles des 28 février - 28 avril, 26 juin - 7 juillet 1790 avaient fait l'une des dispositions fondamentales de notre organisation militaire, ne devait pas rester isolée. Les 23, 26 juin, 3 juillet, le Pouvoir exécutif allait plus loin. Il s'en prenait aux Princes inscrits déjà sur les contrôles, portait en leur personne une atteinte non moins grave aux deux lois organiques de 1832, de 1834, aux garanties, prérogatives consacrées par celle-ci et grâce auxquelles seulement la France avait des cadres présentant réellement les conditions requises pour instruire, commander les si nombreuses recrues que depuis cinquante ans elle devait appeler et conserver plusieurs années sous le drapeau.

Avec notre première Révolution, en effet, cette petite noblesse qui durant tant de siècles avait toujours suivi la profession des armes et recruté nos cadres, avait en grande partie disparu. A la chute de l'Empire, au lendemain surtout de celle de Charles X, quantité d'officiers avaient fait à leurs convictions le sacrifice d'emplois qu'avec le caractère que la législation donnait alors au grade, ils eussent paru garder comme une faveur du nouveau règne. Aussi dès 1832, en face de ces démissions, de la lutte opiniâtre que la France devait alors soutenir sur la terre d'Afrique, le Gouvernement, les Chambres avaient compris que pour conserver les hommes d'une vraie valeur sous le drapeau et donner à nos troupes un corps d'officiers sur lesquels l'armée comme le Pays pussent vraiment compter, il fallait de toute nécessité et comme l'avait d'ailleurs annoncé la Charte (1), imprimer dorénavant au grade un caractère qui en fît quelque chose de plus qu'une fonction publique, l'entourer de garanties et prérogatives telles que l'officier n'eût pas seulement son avenir assuré contre tout arbitraire, qu'il pût même demeurer au service de la France malgré ses révolutions politiques. A cette fin, dès le 14 avril, une nouvelle loi sur l'avancement avait expressément disposé que « *le grade* « *était dorénavant distinct de l'emploi. .....Que l'officier désormais ne* « *serait privé du grade que dans les cas et formes déterminées par la* « *loi* » (2). Plus tard, en 1834, cette loi du 19 mai dont nos lecteurs connaissent les principales dispositions avait solennellement déclaré que le grade « constituait désormais un *état*, une *propriété*, qu'une décision en forme de JUGEMENT pourrait *seule* retirer, *faire perdre* à l'officier(3).

Sous ce régime, avec ce caractère du grade, le Gouvernement avait encore la faculté de retirer l'*emploi* : mais après ce retrait et voire même à la suite de la mise en réforme, l'officier propriétaire du grade appartenait toujours à notre armée, devait y demeurer inscrit sur les contrôles, à un titre et dans une position que la loi avait elle-même expressément prévus.

Tout aussitôt, durant plus de trente ans, ces deux lois organiques de 1832, de 1834, les garanties, le caractère attachés à ces grades auxquels TOUS citoyens étaient également admissibles, garanties, caractère qui

---

(1) Art. 6 de la charte de juillet 1830.
(2) Art. 24 de la loi du 14 avril 1832 sur l'avancement : — L'emploi est distinct du grade. Aucun officier ne pourra être privé de son grade que dans le cas et suivant les formes déterminées par la loi.
(3) Article 1er de la loi du 19 mai 1834. — Voir plus haut page 12.

comme nous l'avons vu avaient d'ailleurs pour base ce grand principe de la séparation des pouvoirs solennellement inscrit dans la Constitution militaire de 1790, avaient fait de la France cette puissance militaire qui avait successivement vaincu, conquis l'Afrique, eu le principal rôle dans la guerre de Crimée, contraint plus tard l'Autriche d'évacuer l'Italie (1), qui après Sadowa aurait peut-être encore pu peser d'un grand poids dans l'équilibre européen si l'Empire à cette date n'avait pas écarté les propositions patriotiques du Maréchal Randon. Après 1870, avec la formidable organisation qu'avait l'Allemagne, la nécessité de réduire sensiblement la durée du service, dans cet état surtout de notre société où l'on ne trouvait plus comme chez nos adversaires une classe de citoyens suivant exclusivement la profession des armes (2), ces garanties, ce caractère du grade étaient plus que jamais *absolument indispensables* pour assurer des cadres à l'armée plus nombreuse où *tout* Français devait dorénavant servir, passer dans certains cas si peu de temps sous les drapeaux (3). Aussi, au mois de février 1883, le Gouvernement républicain reconnaissait si bien le danger d'y toucher que même pour retirer ainsi qu'il l'aurait pu l'emploi à quelques Princes, il voulait s'assurer l'approbation préalable des Chambres, qu'en la séance du 2 (4) le Ministre lui-même affirmait hautement à la tribune que ce retrait d'emploi ne toucherait pas aux grades, qu'enfin la mesure prise, lui, tous ses successeurs avaient eu soin de maintenir effectivement ces officiers sur les contrôles.

La loi du 22 juin à peine votée, ces scrupules avaient disparu, ces engagements pris en 1883 étaient violés. Les 23-26 juin, 3 juillet, en effet, le Ministre de la guerre en exercice faisait rayer des cadres les Ducs d'Aumale, de Chartres ...et autres Princes que ses prédécesseurs avaient

---

(1) C'est au prestige de ses armes que nonobstant ses révolutions elle avait dû de garder jusqu'en 1870 comme le premier rang parmi les nations.

(2) L'Allemagne a conservé cette petite noblesse à peu près disparue chez nous comme classe de citoyens suivant une profession déterminée.

(3) Loi du 27 juillet 1872 sur le recrutement. Articles 36, 40 et 53.

(4) *Journal officiel*. Séance du 2 février. Chambre des députés, page 218, colonnes 2 et 3.

toujours maintenus dans la *position de non-activité*, comme le voulait la loi de 1834.

Si rapprochée que fût cette radiation de la loi du 22 juin, nul parmi les personnes quelque peu initiées au droit, à la justice, ne pourrait un instant s'arrêter à l'idée que le Gouvernement qui comptait dans son sein des jurisconsultes (1), estimait les 23-26 juin... que la disposition aux termes de laquelle « *les membres des familles ayant régné en France* » NE POURRONT ENTRER *dans les armées...* », en expulsait les Princes qui *en faisaient déjà partie*. Même en dehors des lois de 1832, de 1834, abstraction faite encore de ces principes élémentaires rappelés chaque jour à la tribune, continuellement appliqués en justice : « *1° Que les lois ne peuvent avoir d'effet rétroactif; 2° Que l'on ne peut créer des incapacités, des déchéances par extension ou interprétation* », cette loi du 22 juin, loin d'atteindre les Princes inscrits déjà sur les contrôles, est au contraire conçue en termes qui attestent à eux seuls la volonté formelle et réfléchie de respecter, de maintenir les situations acquises.

Nul encore ne pourrait s'arrêter à l'idée qu'en 1886, le Gouvernement dans les conseils duquel siégeait M. Lockroy qui, le 20 janvier 1883, reconnaissait à la tribune qu'une loi était indispensable pour retirer les grades que les Décisions *législatives* de la Commission de 1871, de l'Assemblée de 1874, avaient conservés et conférés à certains Princes, — que M. le Président du Conseil qui dans le sein de la Commission déjà avait adhéré à l'amendement de M. Brousse, en avait pu dès lors peser exactement les termes, la portée, qui dans la séance du 11 juin d'ailleurs observait que les Princes avaient dans le passé bénéficié de privilèges, obtenu par exception au droit commun ces grades « qui, disait-il, RESTAIENT LEUR PROPRIÉTÉ, même après que ces lois exceptionnelles avaient vécu », — aient pu croire un instant que la perte de ces grades, la radiation des Princes sur les contrôles étaient la conséquence, l'exécution d'une loi dont le texte, les termes attestaient une pensée absolument contraire.

---

(1) Le Président de la République, M. Grévy, avait été Bâtonnier de l'ordre des avocats du Barreau de Paris.

Par cette loi du 22 juin d'ailleurs, les Ministres, les Chambres, l'auteur de l'amendement, eussent-ils vraiment voulu priver les Princes des grades dont ils étaient nantis que dans les termes où elle était conçue, en face surtout de cette disposition qui semblait au point de vue des emplois militaires disposer pour l'avenir, la loi votée n'emportait pas, ne pouvait entraîner semblable conséquence. Dans notre droit où tous Pouvoirs chargés d'appliquer, d'exécuter une loi, juges, administrateurs, ne peuvent jamais par interprétation créer des incapacités, des déchéances, il eût fallu qu'il intervînt une nouvelle loi pour la produire.

En fait, d'ailleurs, les *treize* et *quinze Juillet*, devant les Chambres, lorsqu'il avait à la tribune donné l'explication de la mesure par lui prise, le Ministre même qui venait de prescrire la radiation des Ducs d'Aumale, de Chartres et autres Princes inscrits sur les contrôles, déclarait expressément que cette mesure n'avait point été de sa part, l'exécution, la conséquence de la loi d'exception du 22 juin 1886.

A ses yeux, dans la thèse qu'il développait à la tribune, les grades militaires n'avaient les caractères d'*état,* de *propriété* consacrés par la loi de 1834, qu'autant que l'officier avait reçu ces grades à la sortie du rang ou d'une école et dans les conditions expressément fixées par les lois d'avancement pour tous les officiers. Ces caractères d'*état,* de *propriété,* ne pouvaient, disait-il, s'appliquer à des grades « que les Princes avaient tous obtenus au mépris des conditions susdites, *reçus en dehors même de toute espèce de loi.* » Le Gouvernement dès lors était en droit les 23, 26 juin... de les leur retirer par simple décision. En déclarant le contraire à la tribune le 2 février 1883, son prédécesseur, suivant lui, avait simplement fait une erreur de droit.

En face d'une pareille thèse, nos lecteurs l'ont compris, la loi du 22 juin n'eût certainement été que l'occasion de la mesure. Sur ce terrain précis, analysons avec la loi, les principes, la situation exacte de chacun de ces Princes ainsi rayé des cadres et voyons si vraiment la haute juridiction qu'ils ont saisie pourrait d'un pareil chef écarter le Pourvoi, consacrer la mesure :

Ceux des Princes tout d'abord qui sous des noms d'emprunt avaient conquis des grades au cours de l'invasion n'avaient certainement pas bénéficié d'une *exception,* d'un *privilège.* Très certainement encore, la

Commission législative qui les leur conservait en 1871 au nom et par délégation d'une Assemblée dont les droits, les pouvoirs égalaient ceux des Chambres de 1832, de 1834, avait voulu donner, imprimer à ces grades les garanties et caractère édictés par celles-ci. Leur dénier, leur contester dès lors ces garanties, ce caractère, ce serait les dénier, les mettre en doute pour tous les officiers surgis dans cette campagne en défendant la France ! — Personne vraiment ne le voudrait.

Le 1er avril 1874, l'Assemblée nationale dans le but d'effacer ce résultat des lois d'exil, après le stage voulu pour reconnaître leur savoir, avait *elle-même* et par *une loi* conféré aux deux Ducs d'Alençon et de Penthièvre des grades en nos armées correspondant à ceux qu'ils avaient obtenus dans les armées d'autres puissances. — Très certainement encore, cette Assemblée *souveraine* avait voulu donner, imprimer à ces grades les garanties et caractère attachés à tous ceux des autres officiers.

Cette collation était sans doute une mesure d'exception : mais à coup sûr aussi dans l'esprit, la pensée de ces législateurs dont les droits, les pouvoirs égalaient ceux des Chambres de 1832, de 1834, elle n'avait rien de commun avec un *privilège*. Elle était comme une sorte de compensation de cette autre mesure d'exception, elle aussi, qui depuis 1848 avait privé les Princes de ce droit de servir qu'ils eussent puisé comme citoyens dans la Constitution de 1790 et la loi organique de 1832 (1). En rendant même une loi pour conférer ces grades, la haute Assemblée avait *et à dessein*, MM. Ballue, Lockroy, l'avaient compris en 1883 en proposant une loi pour les faire retirer (2), procédé pour ces Princes comme, au lendemain d'un traité d'annexion, de précédents législateurs avaient cru devoir faire pour tous les officiers des pays annexés qui passaient au service de la France en adoptant celle-ci pour leur nouvelle patrie.

---

(1) Art. 2 et 32 de la loi du 21 mars 1832... « *Tout Français* sera reçu à contracter un engagement volontaire...»

(2) Ils oubliaient seulement que les lois ne peuvent avoir d'effet rétroactif... s'imaginaient que le législateur n'a rien à respecter... qu'une loi peut effacer les droits qu'une autre a conférés ! !

Les autres Princes frappés qui possédaient des grades (1) : les Prince de Joinville, Duc de Nemours, d'Aumale... dans la famille d'Orléans, les Princes Murat dans celle des Bonaparte, les avaient tous gagnés, reçus à une date antérieure au décret de 1848 qui leur avait fermé le territoire (2), à la Révolution de 1870 qui avait renversé leur famille (3).

En 1871, l'abrogation du décret qui leur avait seulement fermé le territoire avait tout aussitôt fait naître la question de savoir si les Princes d'Orléans ne recouvraient pas nécessairement le rang, la situation qu'ils avaient dans l'armée avant cette proscription. Et par une décision expresse, devant tout le Pays, sans qu'une protestation surgît dans la Presse ou l'armée, l'Assemblée nationale avait solennellement reconnu et *jugé* que ces grades comme tous les autres avaient les caractères, devaient bénéficier des garanties données par les lois organiques de 1832 et 1834.

Rien n'était plus exact, n'était plus sûr en droit que ce jugement rendu par la haute Assemblée.

Tous ces Princes en effet à l'exception d'un seul (4) avaient reçu leurs grades sous l'empire de la loi de 1818 (5), à une date antérieure à la loi d'avancement de 1832 (6) qui, tout en édictant des conditions nouvelles rendant plus difficile l'accès de divers grades, ne pouvait pas avoir d'effet rétroactif et qui très certainement ne portait nulle atteinte aux situations et grades antérieurement acquis. A dater de cette loi de 1832, aux termes bien précis du second paragraphe de l'article 24, le grade dorénavant ne pouvait plus jamais être arbitrairement enlevé à aucun officier. Très certainement encore en 1834 celle qui faisait du grade l'ÉTAT de l'officier, reconnaissait ce caractère aux grades et

---

(1) Il n'y aurait pas eu de discussion possible pour les Princes qui fussent sortis du rang ou d'une école, depuis l'abrogation des lois d'exil : en fait, nul n'était dans le cas.

(2) Les princes d'Orléans prénommés. —

(3) Les princes Murat. — Ils étaient rayés des cadres en 1886 quoiqu'ils ne fussent pas appelés à succéder au trône impérial.

(4) Le duc d'Aumale. — Voir plus loin.

(5) Loi sur l'avancement du 10 mars 1818. — Voir au Bulletin des lois, année 1818.

(6) Loi du 14 avril 1832 sur l'avancement déjà citée.

situations acquises. — Dès lors et si surtout l'ancienne loi militaire en vigueur à l'époque où chacun de ces Princes avait reçu le grade dont il était nanti quand intervinrent les lois de 1832 et 1834, autorisait ou même n'avait pas prohibé cette collation dont il avait bénéficié : à dater de ces lois qui ne distinguaient pas entre les officiers (1), ces Princes ne pouvaient plus, eussent-ils même profité d'une exception au droit commun, d'un véritable privilège, être privés des grades par eux acquis qu'aux cas et dans les formes édictés par la loi de 1834. Ces grades comme tous les autres avaient dorénavant le caractère d'ÉTAT.

Or, en son titre VI relatif à l'avancement, l'ancienne loi du 10 mars 1818 sous l'empire de laquelle ils les avaient reçus, confiait précisément par un texte formel à un Règlement d'administration publique le soin de compléter, de régler dans leurs détails les conditions de l'avancement dont elle avait seulement indiqué les grandes lignes. Et le 2 août suivant, le Règlement annoncé, une Ordonnance royale de même date, s'acquittant de cette tâche avait en un titre spécial (le titre XII) sous la rubrique « *des Princes de la Famille royale* » établi dans son article 56 les conditions particulières dans lesquelles en raison de leur qualité cette catégorie de *citoyens* obtiendraient à l'avenir des grades en nos armées. En fait, c'était conformément à ces dispositions formelles du Règlement militaire fait par délégation de la Puissance législative dont la légalité ne fut jamais contestée, que les deux Princes nommés avant la loi de 1832 avaient reçu leurs grades. Dans cet état des faits, de la législation, en vain on voudrait dire, on viendrait objecter que le législateur en 1832 dans l'article 24 de la loi d'avancement, en 1834 dans celle du 19 mai, n'entendait pas viser, disposer pour les Membres de la Famille qui occupait le trône? — Aucun homme de bon sens n'admettrait sérieusement que sous la Monarchie, le Gouvernement du Roi qui proposait ces lois, que les Chambres elles-mêmes eussent pu même un instant s'arrêter à l'idée de refuser aux Princes ce que l'on accordait aux moindres officiers, — voulu que *seuls* ils pussent *arbitrairement* subir outre un retrait d'emploi cette privation du grade qui désormais avait un caractère de déchéance, de « *capitis diminutio* ». Bien plus : dût-on d'ailleurs admettre

---

(1) Il s'agit des lois du 14 avril 1832 et du 19 mai 1834.

que sous la Monarchie et en raison du rang qu'y occupaient les Princes, leurs grades auraient eu *seuls* un caractère précaire, que nous affirmerions, que tout interprète sérieux affirmerait comme nous qu'après la Monarchie et ce rang disparu, lorsque la République ou le Pouvoir nouveau avait conservé et surtout confirmé ces grades aux titulaires, cette précarité avait disparu, elle aussi, avec les droits au Trône, qu'après cette nouvelle investiture du moins, ces grades comme tous les autres étaient certainement protégés par la loi commune.

En 1832, 1834, du reste, Chambres et Gouvernement étaient si convaincus de l'absolue légalité de ces dispositions du Règlement de 1818 particulières aux Princes, qu'ils n'en prononçaient pas l'abrogation. En 1832, en effet, la loi sur l'avancement du 14 avril dont l'article 26 abrogeait expressément les dispositions et règles du passé « *qui étaient* CONTRAIRES *à celles qu'elle avait prises* », laissait subsister, avait dit le Ministre dans la discussion à la Chambre des Pairs, « toutes les dispositions de l'Ordonnance du 2 août 1818 qui n'étaient pas en contradiction avec elle ». Or les dispositions du titre VI particulières aux Princes étaient de ces dernières. Vainement on objecterait qu'aux termes des articles 1, 2, 3, 5, 6, 7, 8, 9, 10, de la loi de 1832 qui fixaient les conditions de l'avancement pour chacun de ces grades, « NUL *ne pourra être sous-lieutenant...*, *capitaine...*, *colonel...* », et que ces dispositions nouvelles n'étaient pas compatibles avec celles du Règlement de 1818 particulières aux Princes. Cette formule de la loi de 1832 : « *Nul ne pourra...* » est exactement celle dont se servait la loi de 1818 dans les articles 27 et 29 qui traitaient aussi de l'avancement, et il n'était venu à l'idée de personne que les dispositions de l'Ordonnance du 2 août particulières aux Princes fussent en contradiction avec les articles 27 et 29 de la loi du 10 mars. Dans cet état de choses, le seul bon sens l'indique, la loi de 1832, si elle eût entendu assujettir les Princes aux conditions tracées dans ses articles 1, 2, 3, 5, 6, 7, 8, 9, 10, aurait à coup sûr abrogé expressément l'article 56 du Règlement ancien, n'aurait pas simplement emprunté sa formule à la loi du 10 mars 1818 (1).

Il y a plus : en 1838, sous l'influence de cette guerre d'Afrique dont

---

(1) Art. 27 et 29 précités.

on ne pouvait alors entrevoir la fin, l'intérêt et même les nécessités du service obligeaient à modifier comme à compléter, sur les bases que la loi de 1832 avait tracées, ces dispositions du Règlement de 1818 qu'avait maintenues la loi susdite. Le 16 mars, une Ordonnance royale comprenant 437 articles procédait à ce remaniement complet de l'Ordonnance du 2 août qui sans nul doute pouvait en droit se faire dans la même forme (1). Aux yeux du Gouvernement, des Chambres, du Pays, la loi de 1832 était si loin d'avoir abrogé les dispositions du Règlement de 1818 particulières aux Princes qu'en 1838 encore un chapitre spécial de l'Ordonnance nouvelle, le chapitre IX du titre II (2) était consacré aux « *Princes de la Famille royale* », leur faisait dans l'armée une situation plus en harmonie sans doute avec les idées de l'époque mais procédant toujours de règles exceptionnelles qu'expliquait la qualité de ces personnes. En effet, à cette date de 1838, sous ce régime parlementaire où l'opposition veillait constamment sur la brèche, de telles dispositions si elles n'avaient été absolument légales, eussent à coup sûr fait naître des protestations à la tribune ou dans la presse : aucun Ministre même n'eût pris sur lui de faire revivre au bout de six années une exception, un privilège que le Législateur avait expressément détruit. Le silence que gardèrent l'opposition et la presse atteste donc assez que ces dispositions particulières et les nominations qui s'en suivirent étaient absolument conformes à la légalité. — Un examen attentif de ce chapitre particulier du nouveau Règlement démontre en outre qu'à dater des deux lois de 1832 et 1834 les grades des Princes n'avaient nullement un caractère précaire. On y voit en effet que « *pour les grades supérieurs à celui de colonel, leur avancement était soumis aux conditions d'ancienneté énoncées dans l'article 10 de la loi du 14 avril 1832 ; — que leurs diverses promotions étaient inscrites sur le tableau de l'armée* ». La seule raison déjà n'eût-elle pas affirmé que ces lois ne pouvaient refuser à des membres de la Famille royale ce qu'elles voulaient donner aux moindres officiers, ces précautions que l'on

---

(1) Il s'agissait en effet de remanier simplement une matière que le législateur avait chargé le pouvoir exécutif de réglementer.

(2) Dans l'ordonnance de 1818 c'était un *Titre*, mais peu importe cet intitulé de la disposition.

prenait pour eux comme pour les autres contre un avancement trop rapide, cette inscription sur le tableau de leurs diverses promotions diraient assez que dans la pensée du législateur leurs grades bénéficiaient du caractère, des garanties données en 1834, ne différaienl en rien de ceux des autres officiers.

Un Prince enfin, le Duc d'Aumale, avait fait sa carrière sous l'empire de la loi de 1832, avait suivi tous les degrés de la hiérarchie, n'avait emprunté aux *dispositions* des Ordonnances *particulières aux Membres de la Famille royale* » que celles qui dispensaient les Princes de passer par le rang ou l'école (1), lui permettaient d'être nommé sous-lieutenant, colonel, avant l'âge exigé des autres officiers (2). Le 1er janvier 1837, conformément aux habitudes de sa famille qui aimait à effacer ainsi les distances qui la séparaient des autres citoyens, il avait à quinze ans débuté en Afrique avec le grade de sous-lieutenant : il y avait été nommé lieutenant le 1er janvier 1838, capitaine le 1er janvier 1839 et chef de bataillon le 15 novembre, lieutenant-colonel le 21 juin 1840, colonel le 27 mai 1841, général de brigade le 7 décembre 1842, général de division enfin le 3 juillet 1843. Tous ces grades sans exception lui avaient été conférés dans des conditions exceptionnelles sans doute mais prévues par la loi et qui sauf celles d'âge et d'ancienneté s'appliquaient également à tous les officiers. Il les avait obtenus, conformément aux articles 18 et 19 de la loi de 1832, « A LA GUERRE, *pour actions d'éclat dûment justifiées, mises à l'ordre du jour de l'armée* » (3) par le maréchal Bugeaud. Ces actions d'éclat appréciées par le maréchal étaient : en 1839, les combats de l'Affroum et du bois des Oliviers ; — en 1840, la charge du 27 avril, l'assaut du col de Mouzaïa le 12 mai ; — en 1841, sa conduite aux combats des 3-4 avril et 5 mai ; — en 1842, l'expédition de montagne des mois d'octobre, novembre et décembre ; — en 1843, l'affaire du

---

(1) L'article 2 de la loi du 14 avril 1832 indique les conditions imposées à tout Français pour entrer dans les cadres.

(2) Art. 2 de la loi du 14 avril 1832 et 73 de l'ordonnance du 16 mars 1838.

(3) En ces cas les articles 18 et 19 de la loi du 14 avril dérogent expressément *en faveur de tout officier* aux conditions édictées par les articles 5, 6, 7, 8, 9, 10 et 18 de la même loi.

Haut-Chéliff en janvier, l'expédition du Jurjura et des Kabyles en mars, la prise de la Smalah le 16 mai ; — en 1844, l'attaque du Méchoumnech, la charge du 24 avril ; — en 1846, la soumission des tribus du sud ; — en 1847, la soumission d'Abdel-Kader..... A ses débuts sans doute, le maréchal Bugeaud ainsi qu'il l'en priait en 1841, lui avait ménagé l'occasion de faire ces actions et mériter ces grades. C'était sous cette forme seulement que des faveurs lui avaient été faites : la prise de la Smalah d'ailleurs avait bientôt montré que *de lui-même* il savait la saisir.

En face d'un tel passé, il fallait supprimer une page de notre histoire pour oser comme on fit, reprocher à ce Prince d' « *avoir été seulement de l'armée de la Charte !* (1) ». Aucun esprit sérieux n'acceptera non plus que sous une Monarchie les seules dispenses d'âge et d'école accordées à ce Prince aient été quant à lui une *exception*, un *privilège* qui enlevait à ses grades la valeur et les prérogatives consacrées par la loi pour tous les officiers ! Sous ce régime, eût-il même les tendances les plus démocratiques, imposer aux Membres de la Famille souveraine dont les actes, le rôle sont si intimement liés à l'intérêt public, ces conditions d'âge et d'école que la loi est tenue d'imposer aux autres citoyens, ce serait leur dénier le droit, la possibilité d'acquérir, refuser à l'Etat le droit de leur donner cette éducation plus rapide, plus complète qui valut naguère à la Prusse les Princes Frédéric-Charles et Frédéric-Guillaume, qui donnait à la France sous l'ancienne Monarchie le vainqueur de Rocroi (2). Ce serait leur refuser le droit comme les moyens d'acquérir en même temps, au contact des supériorités contemporaines ainsi que l'avait fait précisément le Duc d'Aumale, dans les lettres, les sciences... ces connaissances, cette expérience des hommes et des affaires de toute sorte indispensables au rôle qu'ils doivent remplir dans l'Etat.

Ainsi, en résumé, une saine interprétation des lois d'exil, de la Législation de 1832 et 1834 avait vraiment dicté en 1871 sa décision vis-à-vis de ces Princes à la haute Assemblée.

---

(1) Chambre des Députés, séance du 13 juillet 1886.— Voir *Journal officiel*, discours du Ministre de la guerre Boulanger.

(2) Le Prince de Condé avait 22 ans quand il gagnait les Batailles de Rocroi, Lens et Nordlingue.

En fait, en la prenant, Législateurs, Ministres étaient si convaincus d'obéir à ces lois : pour eux, aux yeux de tous opposition comprise, cette réintégration des Princes sur les contrôles avait tellement le caractère, l'autorité de chose jugée que *le rang, l'ancienneté* qu'elle attribuait au Duc d'Aumale avait tout aussitôt fait donner à ce Prince la Présidence du Conseil de Guerre institué pour juger le maréchal Bazaine, — que plus tard elle lui faisait confier le Commandement du 7ᵐᵉ Corps d'armée, les fonctions d'Inspecteur Général..., de Président de la Commission de classement.

Après un tel verdict, les grades des Princes comme tous les autres étaient assurément pour eux un *état*, une *propriété* auxquels une décision en forme de jugement pouvait *seule* toucher. Dès lors, en face de ces décrets de 1790 qui servent encore de base à la constitution de nos armées, en face de ces deux lois de 1832 et 1854, des précédents sans nombre qui depuis cinquante ans ont consacré les garanties et caractère qu'elles imprimaient au grade, la haute Juridiction que ces Princes ont saisie va vraiment décider (1) si *une mesure politique* pourra mettre en question cette *inviolabilité*, ces *garanties* à l'heure ou plus que jamais la France a besoin de ces cadres sans lesquels il n'y a pas d'armée.

---

(1) Ces trois premiers chapitres de notre étude étaient rédigés au lendemain de la loi, formaient elles-mêmes une première étude remise aux Princes dès le mois d'août 1886. Ainsi s'explique cette formule : « la haute juridiction.... va vraiment décider... »

CHAPITRE III

LÈS DÉCISIONS MINISTÉRIELLES DES 23-26 JUIN, 3 JUILLET 1886
DEVANT LE CONSEIL D'ÉTAT (1)

Sommaire :

Toute atteinte aux grades militaires constitue dans notre Droit un excès de pouvoir, ouvre un recours au Contentieux devant le Conseil d'Etat. — Ce recours appartient aux officiers des familles ayant régné comme à tous autres. — Le 15 Juillet 1886 le Ministre le reconnaissait à la Tribune, puis il a le 11 août, décliné la compétence du Conseil d'Etat. — La radiation des 23-26 Juin, 3 Juillet ne saurait constituer ni *un acte discrétionnaire*, ni un *acte de gouvernement*. — La *Raison d'ETAT* ne saurait pas non plus expliquer la mesure.

Sous ces lois, en effet, de 1832 et 1834 d'après lesquelles nul officier ne peut perdre son grade que dans les cas et suivant les formes déterminées par la seconde, « le grade pour tous sans distinction, dit M. Serrigny « dans son Traité de la Compétence et de la Procédure en matière « contentieuse administrative (2), constitue un droit garanti par la loi. « Son retrait ne blesserait donc pas simplement un intérêt : il porterait « atteinte à un droit acquis pour lequel ils pourraient recourir au Chef « de l'État en Conseil d'État contre les décisions illégales que ses « Ministres auraient pu surprendre à sa religion. Voir 21 mai 1840 « (Tirlet) ; 30 juillet id. (Périès) ; 27 août id. (d'Alençon) et autres...

---

(1) Sous cette rubrique nous examinions dès le mois d'août 1886 la question de compétence soulevée par le Ministre le 11 du même mois.

(2) Serrigny. Ouvrage précité, 2e édition, année 1865, volume I, no 29, 6o page 41. — M. Serrigny, professeur de Droit administratif à la Faculté de droit de Dijon, est une des plus hautes autorités dans cette matière.

« ...Tout ce qui tient, ajoute le grand auteur (1), aux avantages consacrés
« par les lois aux officiers militaires, soit sous le rapport de la *conservation*
« *de leur* ÉTAT, soit sous le rapport de l'avancement à l'ancienneté
« constitue pour eux des droits véritables dont la lésion autorise le
« *recours contentieux. C'est un point qui est consacré par la jurisprudence*
« *invariable du Conseil d'Etat* ».

Aux termes en effet de la loi du 7 - 14 octobre 1790, n° 3, « les
réclamations d'*incompétence* à l'égard des corps administratifs... sont
portées au Chef de l'État, chef de l'administration générale », et la loi
des 27 avril - 27 mai 1791 article 17, comme la Constitution de frimaire
an VIII article 52, la Constitution de 1852 article 50, et le Règlement
du 26 octobre 1849, place l'examen de ces questions au nombre des
fonctions du Conseil d'État. Il a mission de prononcer sur les recours
dirigés pour *incompétence* ou *excès de pouvoir* contre toutes « *les décisions
administratives* » (2). Le mot *incompétence* dont se sert la loi de 1790
précitée ne doit pas s'entendre seulement ici, disent MM. Serrigny et
Dareste (3), des cas « où il y avait incompétence proprement dite,
c'est-à-dire où le juge saisi d'une affaire de sa compétence a pris des
dispositions qui lui étaient interdites ». Et sous ce rapport, « dans
l'interprétation qu'elle donne à ces mots *excès de pouvoir*, répète à
maintes reprises M. Serrigny dans les n°s 227 et 228, la jurisprudence du
Conseil d'État se montre extrêmement large ». Elle reconnaît « l'excès
de pouvoir toutes les fois que l'administrateur a fait ce qu'il n'eût pas
dû faire s'il s'était conformé aux devoirs de ses fonctions » (4).

Dans cet état de notre Droit administratif, le pourvoi formé par les
Ducs d'Aumale, de Chartres... contre l'acte d'administration qui les a
rayés des cadres met le Conseil d'État dans cette alternative : de décider
comme disait le Ministre les 13 et 15 juillet à la tribune, en laissant de
côté la raison, le bon sens, que la législation de 1832 et 1834 n'assurait

---

(1) Serrigny, Id. Id. n° 29, 7° page 42.
(2) Voir Serrigny. Ouvrage précité, vol. I, n°s 224... 231.
(3) Voir Serrigny. Id. Id. n° 228, page 310. — Dareste. De la Justice administrative, page 225.
(4) Voir Serrigny. Ouvrage précité, vol. 1, n° 31, page 50.

pas aux grades conférés à ces Princes les garanties et caractère attachés à tous ceux des autres officiers (1), — sinon de déclarer qu'en face de cette Législation à laquelle d'ailleurs la loi du 22 juin 1886 n'avait apporté réellement aucune dérogation (2), le Ministre n'a pu valablement faire rayer des contrôles ces officiers que le retrait d'emploi de 1883 n'avait certainement pas dépouillés de leurs grades ni exclus de l'armée.

Si l'on repousse effectivement la distinction inadmissible, absolument nouvelle que faisait le Ministre les 13 et 15 juillet, aucune fin de non-recevoir, aucun moyen d'incompétence ne pourrait écarter, amener surtout de prime abord le rejet du recours.

Au Sénat, le 15 juillet, le Gouvernement le déclarait de la manière la plus expresse. Au cours de la réponse qu'ils faisaient à M. Chesnelong (3), le Ministre de la guerre puis un autre Ministre affirmaient en effet « que le Conseil d'État avait SEUL qualité pour donner à la loi de 1834 l'interprétation et la portée qui devraient décider du sort de la mesure ».

Le 11 août au contraire et par un revirement qui surprenait la presse républicaine elle-même (4), le même Ministre de la guerre répondant à la communication du pourvoi de ces Princes dans la forme prévue par le décret du 22 juillet 1806, émettait l'opinion :

« *Que le Conseil d'État n'était pas compétent pour apprécier une mesure* « *prise en exécution des* pouvoirs généraux conférés au Gouvernement « *par la loi du 22 juin 1886 et sanctionnée par les ordres du jour de* « *la Chambre et du Sénat des 13 et 15 juillet* ».

A entendre cette fois le Ministre, les termes précis de sa Note ne peuvent laisser de doute : la loi du 22 juin 1886 avait confié au Gouvernement à l'endroit de ces Princes des « pouvoirs généraux », une sorte de « *pouvoir discrétionnaire* » dont sa décision des 23 juin-

---

(1) Le Gouvernement en ce cas eût pu retirer les grades et comme il n'aurait pas excédé ses pouvoirs, le recours n'eut pu être accueilli.

(2) Si au contraire la loi de 1886 avait expressément enlevé les grades, elle serait sans doute de la part du législateur un abus de pouvoir, mais il serait peut-être difficile d'accepter que le Conseil d'État pût annuler comme excès de pouvoir l'acte administratif qui eût simplement exécuté cette loi.

(3) *Journal officiel* des 15 et 16 juillet. Sénat.

(4) Journal *le Temps*.

7 juillet était l'usage et comme tout acte du pouvoir discrétionnaire (1), cette décision excluait tout débat, tout recours contentieux ?

Les principes spéciaux à cette matière, les règles d'une saine interprétation et l'ensemble de la loi du 22 juin 1886 repoussent absolument cette prétention nouvelle :

« En principe, en effet, nous dit M. de Serrigny, on connaît qu'un « acte émane du pouvoir discrétionnaire de l'administration lorsqu'il « blesse, non *un droit consacré par la loi,* mais un simple *intérêt* du « réclamant (2). ». Et précisément d'après le même auteur, comme nous l'avons déjà observé (page 46 ?), une jurisprudence invariable du Conseil d'État fait « de tout ce qui tient aux avantages consacrés par les lois de « 1832 et 1834 soit sous le rapport de la *conservation de leur état,* soit « sous celui de l'avancement à l'ancienneté un *droit garanti par la loi,* « dont la lésion *autorise le recours contentieux* » (3).

D'autre part, la seule délégation, les seuls pouvoirs que la loi du 22 juin 1886 conférât vraiment à la Puissance exécutive sont ceux que lui confie l'article 2 à eette fin expresse, mais à cette fin seulement *d'expulser du territoire* le cas échéant les Princes auxquels l'article 4 interdisait dores et déjà *d'entrer* dans les armées, d'exercer aucun mandat électif, aucune fonction publique. Dès lors aux termes de sa Note, nonobstant cette disposition de l'article 4 « *ne pourront entrer dans les armées* » d'après laquelle le législateur semblait en cette matière avoir voulu seulement disposer pour l'avenir, le Ministre paraîtrait prétendre qu'en lui confiant le droit de procéder même pour les Princes appartenant à nos armées, *s'il le jugeait convenable,* à une expulsion du territoire qui serait un obstacle matériel à ce que *ces Princes en fissent alors partie,* la loi de 1886 lui avait implicitement et comme *a fortiori* donné le droit de retrancher ces Princes de nos armées sans leur interdire le territoire.

A elle seule tout d'abord cette règle élémentaire que les lois d'exception sont de droit étroit : « *Exceptiones sunt strictissimæ interpretationis* »,

---

(1) Serrigny. De la Compétence. Vol. I, nº 23, page 35 ; nº 28, 5º *in fine.*
(2) Serrigny. De la Compétence. Vol. I, nº 29, page 39.
(3) Serrigny. De la Compétence. Vol. I, nº 29, 6º et 7º.

qu'on ne saurait étendre par interprétation des incapacités, des déchéances, protesterait suffisamment contre cette thèse ministérielle d'après laquelle les pouvoirs, la délégation que le Gouvernement tenait de la loi du 22 juin s'étendraient à d'autres fins que l'expulsion du territoire qu'elle avait *seule* expressément prévue. L'histoire enfin de ces lois de proscription de 1816, de 1832, de 1848 dont à chaque étape nous avons vu la rigueur atténuée, les conséquences réduites en ce qui touche les droits de citoyen au seul obstacle matériel que l'interdiction du territoire mettait à leur exercice, ces décisions d'une Assemblée souveraine qui avaient reconnu pour ainsi dire à l'unanimité qu'après la disparition de cet obstacle les mandats politiques conférés à cette catégorie de citoyens avant même qu'il eût été levé ne pouvaient être sérieusement contestés...., ces discussions parlementaires de 1883 d'après lesquelles la défense qu'on voulait faire alors aux Princes d'exercer à l'avenir un emploi militaire n'eût pas touché aux grades, avait pour seul objet de faire placer les Princes inscrits sur les contrôles dans la position de non activité par retrait d'emploi, le soin qu'avait la loi de 1886, alors que cette mesure était depuis longtemps un fait acquis, de *fermer simplement l'accès dans nos armées* à ceux des membres des familles ayant régné qui n'étaient pas encore sous les drapeaux : tout en un mot montrerait à l'esprit le plus récalcitrant que *ce pouvoir discrétionnaire, cette délégation* donnée au Gouvernement à cette fin d'édicter, le cas échéant, des expulsions qu'il répugnait de prononcer dores et déjà le 22 juin, ne pouvait raisonnablement comporter des effets que l'on déniait déjà aux proscriptions du passé ; — qu'elle ne pouvait emporter surtout pour le Gouvernement la *faculté de supprimer des droits que n'auraient pas atteints l'expulsion immédiate dans le cas où la loi l'eût elle-même prononcée !!*

A en juger d'ailleurs par la mesure unique qu'il avait prise, les « POUVOIRS GÉNÉRAUX » qu'aux termes de sa Note le Gouvernement prétendait tenir de la loi du 22 juin comme *a fortiori* de ce droit d'expulsion que lui donnait l'article 2, ne comprenaient pas, à ses propres yeux, le droit de procéder vis-à-vis de ces Princes qu'il pouvait expulser à des visites domiciliaires en dehors des conditions et cas du droit commun, de faire rayer leurs noms des listes électorales, de les empêcher d'user du droit de vote... — Comment dès lors admettre qu'il y eût puisé le droit qu'il s'arrogeait de leur *enlever des grades* garantis si nettement par des lois militaires qui à cette heure surtout tiennent plus qu'aucunes autres lois à l'intérêt public !

Ainsi et à coup sûr de la part du Ministre, la radiation des Princes des cadres de l'armée n'était, ne pouvait être, comme il le prétendait d'abord à la Tribune en disant que le grade n'avait pas quant à eux le caractère d'ÉTAT, l'exercice régulier de ses attributions (1) ; elle n'était pas non plus comme le voulait sa *Note* répondant au recours, l'usage d'un droit ou d'un pouvoir qu'à défaut de la loi de 1834, la loi particulière du 22 juin 1886 lui aurait conféré. Elle frappait, elle blessait non pas seulement un *intérêt*, mais des *droits* véritables et que l'expulsion même n'aurait nullement touchés.

Après mûr examen on ne pourrait non plus soutenir que la mesure empruntait à la LOI POLITIQUE du 22 juin 1886 un caractère *à part, absolument exceptionnel* qui devait entraîner le rejet du recours.

Tout d'abord en effet la pensée politique qui avait inspiré, fait opérer cette radiation, ne saurait *à elle seule* paralyser la loi de 1834 dont avant tout l'objet, le but était précisément de protéger les grades contre l'atteinte dictée par semblable mobile.

Très certainement encore au point de vue politique et dans les conditions où le Ministre l'avait prise, la mesure n'avait non plus aucun rapport avec un *acte de gouvernement*, autrement dit avec ces actes dans lesquels la Puissance exécutive remplit parfois un rôle *souverain* qui leur imprime le caractère, l'autorité des lois et qui dès lors ne peut pas plus que pour celles-ci comporter de recours. Les seuls actes en effet qui aient ce caractère « *quand le Pouvoir souverain a été défini par la Constitution* » comme c'est précisément le cas en cette affaire, sont *ces actes souverains* dans lesquels la Puissance exécutive représente la France ou bien agit comme déléguée de la Puissance législative. A la première catégorie appartiennent les traités de paix ou de commerce que le Gouvernement

---

(1) En effet, si le grade n'eût pas été pour ces Princes un *état*, une propriété, il eût été dans les attributions du Ministre de la guerre de le retirer comme tout emploi, toute fonction révocable.

fait au nom de la France avec d'autres nations, les faits de guerre...
A la seconde appartiennent les ordonnances générales ou décrets réglementaires destinés à compléter les lois et à fixer leur mode d'exécution (1).

La mesure attaquée si elle avait vraiment un pareil caractère, serait évidemment de la seconde catégorie. Nous venons de le voir, l'histoire des proscriptions passées, les discussions parlementaires de 1883 et 1886, l'ensemble de la loi du 22 juin ne permettent pas de l'y ranger. Si dans l'article 2 le législateur qui répugnait à interdire dores et déjà le territoire à *TOUS les Princes* déléguait effectivement à la Puissance exécutive un *pouvoir souverain* pour édicter ultérieurement cette interdiction s'il en était besoin, le soin qu'il avait pris de préciser tout aussitôt dans l'article 4 les limites, la mesure dans lesquelles il entendait atteindre ceux des Princes qui resteraient en France attestait bien nettement que cette délégation n'allait pas au-delà de ce fait d'expulsion expressément prévu, — que surtout elle ne comportait pas, s'ils y étaient laissés, des conséquences que l'expulsion elle-même ne pouvait pas produire.

Ce serait en vain encore qu'on tenterait de prétendre que la radiation des cadres visée par le recours a du moins avec l'exécution, la portée de la loi du 22 juin qu'elle suivait de si près, un rapport, un lien tellement étroit que même si elle froissait de véritables droits, admettre le pourvoi serait vraiment livrer cette loi essentiellement politique à la censure d'un corps qui fonctionne comme Tribunal.

Cette fois encore le soin que la loi du 22 juin prenait de préciser exactement la situation qu'elle voulait faire en France aux Princes qui y seraient laissés, cette considération péremptoire que l'expulsion elle-même, ainsi que le législateur l'avait précédemment reconnu et jugé, *n'eût pas atteint les grades*, démontrent d'une manière vraiment irréfutable que la décision par laquelle le Ministre s'était arrogé le droit de les enlever, constituait à côté de la loi précitée, de son exécution, un excès de pouvoirs absolument distinct, contre lequel dès lors on pouvait se pourvoir sans livrer par là même à la censure du Tribunal saisi la loi ni sa portée.

---

(1) Dalloz. V° Compétence administrative, n° 28.

Les ordres du jour votés les 13 et 15 juillet dans les deux Chambres ne pouvaient pas non plus, ainsi que l'insinuait la Note ministérielle, constituer un contrôle, une *sanction* qui devait désormais écarter les recours. — En principe, en effet, les ordres du jour fussent-ils des plus exprès, ne peuvent légitimer des excès de pouvoirs, annihiler des droits (1). En fait d'ailleurs les 13 et 15 juillet devant les Chambres, le Ministère loin de prétendre qu'il avait fait un *acte de gouvernement*, qu'il avait même usé de la loi du 22 juin à laquelle le 11 août la Note ministérielle rattachait la mesure, affirmait par deux fois que les lois organiques de 1832 et 1834 étaient *inapplicables aux membres des familles ayant régné*, qu'il avait pu dès lors leur retirer les grades et qu'il appartenait au Conseil d'État *seul* de prononcer au fond sur cette question de droit.

Enfin, et l'on nous pardonnera de ne rien laisser dans l'ombre, la RAISON D'ÉTAT, cette forme sous laquelle encore l'intérêt général représenté par le Gouvernement est parfois en conflit avec des droits privés, n'avait pas dans la cause imposé la mesure.

Théoriquement du moins, quand de grands commandements, de hautes fonctions étaient exercées par quelques-uns des Princes, elle eût à la rigueur expliqué, coloré une mesure comme le retrait d'emploi. Or en fait à cette date, elle paraissait si peu motiver ce retrait qu'en 1883, malgré les pleins pouvoirs qu'il eut pour l'opérer, le Gouvernement avant de donner cette satisfaction à certains députés avait voulu et demandé qu'une loi édictât la mesure, expliquât même une simple mise en disponibilité, — que le Sénat avait nettement refusé d'imposer sous cette forme à la Puissance exécutive une décision qu'elle pouvait mais n'aurait pas voulu prendre *seule*.

Le 22 juin 1886 encore, l'attitude du Gouvernement, la formule de l'amendement qu'il avait adopté, attestaient qu'à cette date la RAISON D'ÉTAT n'eût pas dicté, n'eût même pas motivé la mesure attaquée. Autrement en effet, il eût voulu comme en 1883 ne pas assumer *seul*, aurait certainement fait insérer dans la loi *cette atteinte à la loi de 1834*

---

(1) Autrement tout Ministre qui aurait commis un excès de pouvoir... et voudrait paralyser un recours, se ferait ainsi interpeller. — La séparation des pouvoirs... ne serait qu'un vain mot.

qui faisait pressentir un débat des plus graves. Il n'aurait surtout pas accepté dans la Commission, puis en séance publique cette formule : « ... *Ne pourront* ENTRER *dans les armées...,* » qui protestait si haut contre la radiation.

Il y a plus. Au cours même de la discussion dans laquelle il avait accepté, fait voter ce texte essentiellement limitatif, et alors que certains députés ne trouvaient pas la loi suffisamment complète, M. le Président du Conseil (1) affirmait lui-même à maintes reprises « *qu'il n'y avait pas, que la loi demandée ne permettait pas de supposer qu'il y eût conspiration de la part des Princes, ni menace d'un danger matériel pour la République...* ». Le Gouvernement en vérité affirmait et ne pouvait affirmer d'une façon plus nette :

1° Que ces dispositions si précises fussent allées plus loin si la Raison d'État l'eût demandé ;

2° Que cette Raison d'État n'aurait même pas en fait imposé ces mesures si l'on n'avait pas fait une loi pour les prescrire.

---

(1) C'était M. de Freycinet.

CHAPITRE IV

L'ARRÈT DU 20 MAI 1887 ET LES LOIS DU 14 AVRIL 1832, DU 19 MAI 1834 ET DU 22 JUIN 1886 (1).

Sommaire :

Le vingt Mai 1887, le Conseil d'Etat statue sur le recours des Princes. Comme Monsieur le Commissaire du Gouvernement Marguerie il écarte le déclinatoire et toutes les fins de non-recevoir que proposait le Ministre de la Guerre. — Au fond : il décide que la Loi du 22 Juin a eu pour BUT et pour EFFET d'établir une incompatibilité absolue entre la qualité de membre d'une Famille ayant régné en France et la qualité d'Officier dans l'armée. — Cette décision consacre certainement la thèse développée devant le Conseil par M. le Commissaire Marguerie : Résumé de cette thèse.

Dans la doctrine de M. Marguerie, la Loi du 22 juin n'avait pas *expressément*, ni *directement* enlevé leurs grades aux Princes : il n'alléguait même pas qu'elle eut semblable but. — L'incompatibilité affirmée par l'arrêt résultait de la combinaison de la disposition interdisant aux Princes *d'exercer à l'avenir aucune fonction publique* avec les dispositions des deux Lois organiques de 1832 et 1834. — Les Lois de proscription antérieures, l'examen de la loi du 22 Juin 1886, de celles de 1832 et 1834 repoussent absolument cette prétention. — Sous le Régime des Lois de 1832 et 1834 le grade est un ETAT qu'une DÉCISION JUDICIAIRE peut *seule* et *dans des cas donnés* enlever à l'officier.

Dans la thèse de M. Marguerie, la perte du grade résulterait simplement pour les Princes d'une *interprétation*, d'une interprétation avec laquelle la volonté du Législateur n'aurait même pas compté. — Les travaux préparatoires du Projet repoussé en 1883, ceux de la Loi du 22 Juin 1886, le texte de celle-ci attestent tout d'abord une autre volonté que ce but, cet effet attribués par l'arrêt à la Loi de 1886. Les Lois organiques de 1832, de 1834 protestent elles aussi contre la portée, le sens que cette interprétation de M. Marguerie et l'arrêt du 20 Mai assignent à quelques-unes de leurs dispositions. — Le Principe « *qu'il ne peut être accordé de grades honoraires en France* » se borne à prohiber les collations de grades à titre honorifique, n'a rien à faire dès-lors avec le cas des Princes.

---

(1) Les trois premiers chapitres de cette Étude formaient un premier travail dont deux copies ont été remises dès la fin d'août 1886 : l'une à M. Dufeuille, à Paris, la seconde à M. Chesnelong, sénateur des Basses-Pyrénées, pour les faire parvenir aux Princes d'Orléans.

Dans la thèse de M. Marguerie, « la conservation du grade, de l'ÉTAT d'officier serait subordonnée, par la Loi de 1834 au maintien de l'*officier* dans l'une des positions qu'elle a prévues. » — La loi de 1834 ne fait pas du tout d'une position la condition de la conservation du grade. De leur nature, les Positions sont des garanties, précautions, avantages que déjà des lois anciennes avaient du attacher aux fonctions d'officier : elles ne sont en rien un élément du grade, du *caractère d'état*. — Dès 1832, à partir du Régime de la séparation du grade et de l'emploi, sous lequel l'officier ne pouvait plus être simplement révoqué : — 1° la position de *retraite* et la position de *réforme* étaient devenues les seules manières normales dont les fonctions d'officier pussent vraiment prendre fin ; — 2° au cas où le Gouvernement jugeait devoir disposer de l'emploi, l'officier se trouvait, demeurait de plein droit par la force des choses dans la *position de non activité*. — A partir de la Loi de 1834, par l'effet du caractère d'*état* que cette Loi imprime au grade, cet *état*, le GRADE se trouvent simplement accompagner encore les positions de *retraite* et *réforme*.

Dans la thèse même de Monsieur Marguerie, les positions eussent-elles été réellement créées par la Loi de 1834, étaient au fond, de leur nature, des garanties, précautions,... destinées à protéger le grade, les fonctions d'officier. — Loin de faire de la conservation par l'officier de l'une des positions une *condition sine quâ non* de la conservation du grade, ce caractère de garanties, précautions..... faisaient tout au contraire de la conservation d'une position la conséquence virtuelle, la conséquence forcée du caractère indélébile du grade. Ce caractère de précautions, garanties tendant essentiellement à protéger le grade, l'esprit de ce régime de 1832 et 1834 sous lequel la conservation d'une position devenait la conséquence forcée du caractère d'état, le texte de loi enfin qui prohibait les collations de grades à titre honorifique, auraient du démontrer à M. Marguerie, montreraient à l'esprit le plus récalcitrant, qu'une interprétation qui retournait précisément ces lois contre leur but ne pouvait pas avoir un caractère sérieux.

Le 20 mai 1887 seulement, le Conseil d'État a prononcé sur le recours des Princes.

En face du texte et de la forme des décisions des 22-23 juin et 3 juillet 1886, en d'autres termes de ces simples lettres de service par lesquelles le Ministre de la guerre faisait connaître aux Princes qu'ils étaient dorénavant rayés des cadres *par application* de la loi du 22 juin, la haute Juridiction administrative devait, ainsi que M. le Commissaire du Gouvernement Marguerie, repousser le déclinatoire qu'avait, le 11 août seulement, proposé le Ministre, décider que ces lettres de service constituaient « *de simples mesures administratives d'exécution susceptibles d'être déférées au Conseil d'État, par application des lois des 7-14 octobre 1790, 24 mai 1872.* »

Au fond :

En face des Constitutions de 1804 et de 1852, des statuts de 1806 et de 1853, Constitutions, statuts qui par deux fois avaient soigneusement désigné les parents de l'Empereur appelés à composer la *famille impériale*, elle dut encore et nonobstant les conclusions contraires de M. Marguerie, reconnaître que les Princes Murat n'étaient réellement pas au nombre des personnes qu'avait visées la loi du 22 juin 1886.

A l'égard au contraire des Ducs d'Aumale, de Chartres, d'Alençon, de Nemours, elle s'appropriait, en allant même plus loin comme nous allons le voir, les conclusions, la thèse développée devant elle par M. Marguerie. Comme lui elle prenait droit vis-à-vis de ces Princes de la disposition aux termes de laquelle les membres des familles ayant régné en France ne pourront *exercer aucune fonction publique* et rendait cet arrêt que le Ministre même ne semblait pas attendre :

» Le Conseil d'État :

.   .   .   .

.   .   .   .

» Au fond,

» Sur le moyen tiré de ce que le Ministre de la guerre aurait porté atteinte au
» principe de la propriété des grades en rayant les réquérants des contrôles de l'armée
» par une fausse application de la loi ci-dessus visée du 22 juin 1886 ;

» Considérant qu'aux termes de l'article 4 de ladite loi les membres des familles ayant
» régné en France ne peuvent entrer dans les armées de terre et de mer, ni exercer
» aucune fonction publique ;

» Considérant qu'il résulte de cette disposition que la loi du 22 juin 1886 a eu POUR
» BUT ET POUR EFFET de *créer une incompatibilité absolue entre la qualité de membre*
» *d'une famille ayant régné en France et celle d'officier dans les armées de la République ;*

» Qu'il suit de là que le Ministre de la guerre, en rayant les réquérants des contrôles
» de l'armée, n'a pas excédé les limites de ses pouvoirs ;

» Sur le moyen tiré de ce que la radiation des contrôles ne pouvait pas être opérée
» par décision ministérielle, alors que les grades avaient été conférés ou confirmés par
» des lois, décrets ou ordonnances :

» Considérant que de ce qui précède il résulte que la radiation des contrôles, n'étant
» à l'égard des réquérants que la conséquence de l'incompatibilité légale prononcée par
» la loi du 22 juin 1886, il appartenait au Ministre de la guerre de prendre les décisions
» attaquées pour assurer l'exécution de ladite loi ;

» Décide :

» Article 1er. — Les requêtes ci-dessus visées sont rejetées. »

.   .   .   .

En présence de la loi organique de 1834, en face des termes de cette note du 22 juin 1886, les Ducs d'Aumale, de Chartres, d'Alençon, de Nemours, avaient voulu surtout s'acquitter d'un devoir vis-à-vis de la France en déférant au Conseil d'État qu'eux seuls pouvaient saisir des décisions qui leur semblaient, semblaient à leurs Conseils porter une grave atteinte aux statuts de l'armée.

Leurs pourvois repoussés, fidèles au sentiment qui leur avait dicté en 1848, puis à partir de 1871, la noble attitude qu'en 1883 M. Henri Martin rappelait à la tribune, ils avaient désiré qu'aucune protestation ne parût dans la presse contre l'arrêt rendu.

A cette date, nous aussi, nous n'avons pas voulu publier ce travail. Aujourd'hui qu'il s'est écoulé un délai assez long pour ne rien diminuer d'une si haute leçon, maintenir à notre Étude purement doctrinale cet unique caractère, nous avons cru devoir faire cette publication qui permet d'apprécier quel prix, quelle importance la célèbre Assemblée de 1789 et le législateur de 1834 attachaient à la constitution de ces cadres militaires sans lesquels on n'a pas de véritable armée. Aussi et pour que cette Étude sur l'*État d'officier* ne laisse rien dans l'ombre, nous allons de nouveau et sur le terrain même où s'est placé le juge, rechercher si contre l'opinion que nous avions émise, le Droit et la logique autorisaient à dire que la loi d'exception du 22 juin 1886 avait fait à la loi de 1834, à la propriété du grade, la redoutable brèche qu'à prendre cet arrêt elle leur avait portée.

En effet si l'on rapproche de l'arrêt qui précède les conclusions, la thèse développée le 13 mai par M. Marguerie, il n'y a pas de doute possible :

1° Le Conseil d'État en ce qui touche les Princes a certainement suivi, consacré la doctrine de l'honorable Commissaire ;

2° Les conclusions, l'arrêt, ont tous deux méconnu le droit et la logique.

§ I. — *Le Conseil d'État a suivi, consacré la doctrine développée
devant lui par M. Marguerie.*

Dans son article 4, avait dit en substance (1) M. le Commissaire, la
loi du 22 juin ne porte pas seulement, comme le prétendent les demandeurs, que les membres des familles ayant régné en France n'y pourront à l'avenir ENTRER DANS LES ARMÉES ; cet article porte encore qu'ils
ne pourront non plus EXERCER AUCUNE FONCTION PUBLIQUE, et parmi ces
fonctions sont nécessairement compris tous les emplois qu'occupe, peut
occuper un officier. Dès-lors, dût-on admettre avec les demandeurs que
la prohibition d'entrer dans les armées n'atteignait pas les Princes
inscrits déjà sur les contrôles, la prohibition suivante empêchait que
ceux-ci pussent jamais exercer ni obtenir aucun emploi d'activité.

Là ne s'arrêtaient pas pour M. Marguerie les conséquences, l'effet de
cette seconde prohibition. A l'entendre : en l'état de la loi organique de
1834, — loi dont l'article 8 dit « que tout officier placé dans la *position
de non-activité par retrait d'emploi* demeure *susceptible d'être remis en
activité* », dont l'article 3 a défini la *disponibilité* « la position de l'officier
momentanément sans emploi », — l'impossibilité dans laquelle cette
défense d'exercer à l'avenir aucune fonction publique mettait dorénavant
les Ducs d'Aumale, de Chartres, d'Alençon placés en 1883 dans la
position de *non-activité par retrait d'emploi*, le Duc de Nemours depuis
longtemps en celle de *disponibilité*, d'être jamais rappelés à des *emplois
d'activité*, ne permettait pas non plus que ces Princes pussent désormais
soit conserver, soit obtenir aucune des quatre positions qui *seules*
donnaient à l'officier le droit d'être maintenu sur les contrôles.

---

(1) Pour mettre nos lecteurs en mesure d'apprécier la valeur, la portée des reproches
et critiques que nous allons diriger contre les conclusions, la thèse consacrée par l'arrêt,
nous avons cru nécessaire de donner de cette thèse un résumé dans lequel nous mettons
en relief les divers arguments et principales données sur lesquels elle repose. Pour les
mettre également en mesure d'apprécier, de vérifier l'exactitude de la doctrine, de
l'argumentation que ce résumé prête à l'honorable Commissaire du Gouvernement, nous
avons soin de reproduire *in extenso* et comme annexe à cette Étude les conclusions de
M. Marguerie, que la *Gazette du Palais* a publiées le 15 mai 1887. — Voir Annexe
n° 3.

En effet, disait-il, lorsqu'elle a fait du grade l'*état* de l'officier, la loi du 19 mai 1834 a voulu en même temps : 1° consacrer ces principes édictés par la loi de 1832 : « *Qu'il ne peut plus être accordé de grades honoraires en France (1)* ; — *que l'emploi désormais est distinct du grade (2)* ; 2° maintenir au Gouvernement la faculté de toujours librement disposer de l'emploi. A cette fin elle a déclaré tout d'abord que le grade constitue l'état de l'officier : elle a ensuite indiqué, minutieusement défini *quatre* positions dans l'une desquelles devrait nécessairement être tout officier. Puis et tout en faisant entre les positions, le grade la distinction dont on excipe, elle a SUIVANT NOUS, disait-il, établi entre les positions et le grade une connéxité, un lien si étroit qu'elle fait vraiment *dépendre l'ÉTAT d'officier du grade accompagné d'une position,* qu'elle *subordonne,* en d'autres termes, *la conservation de cet état, du grade* à la conservation de l'une au moins des quatre positions qu'elle a prévues.

Dans ces conditions (la loi de 1834 ainsi comprise), poursuivait M. Marguerie, du moment que les Ducs d'Aumale, de Chartres, d'Alençon, de Nemours, ne peuvent plus *conserver* ni obtenir aucune des quatre positions définies par la loi de 1834, — que d'autre part le texte et les travaux préparatoires de la loi d'exception du 22 juin 1886 n'accusent pas l'intention de déroger en leur faveur au principe édicté en 1832 « *qu'il ne pourra être accordé de grades honoraires en France* », — ces Princes éloignés de l'armée par la loi du 22 juin 1886, ne peuvent pas non plus conserver les grades par eux acquis…, qu'ils avaient honorés…, rester encore des officiers. Ils ne peuvent plus dorénavant invoquer le principe annoncé par la loi de 1832 (3), formellement consacré en 1834 « *que le grade est l'état, est la propriété de l'officier* », et se prévaloir de ce que cet état, cette propriété ne leur ont pas été expressément enlevés par la loi d'exception du 22 juin 1886.

Tel est, concluait-il, le *résultat juridique* auquel *aboutit nécessairement la combinaison* des lois de 1832, de 1834, du 22 juin 1886. Telle est l'opinion que nous croyons devoir formuler sur les conséquences et la portée de l'article 4 de la loi du 22 juin 1886.

Cette conclusion, cette thèse présentées le 13 mai par M. Marguerie sont, avons-nous dit, celles que consacre l'arrêt.

Si nous analysons en effet ce système que nos lecteurs trouveront d'ailleurs *in extenso* dans la *Gazette du Palais* du 15 mai (4) :

1° De l'aveu bien exprès de l'honorable Commissaire, l'*état,* la

---

(1) Article 21 de la loi du 14 avril 1832.

(2) Article 24 de la même loi.

(3) La loi de 1832 n'annonce pas du tout que le grade aura dorénavant le caractère d'état. Elle annonce seulement qu'il ne pourra plus être enlevé que dans les cas et formes prévus par la loi : ce qui est tout autre chose. Le titre de juge, de conseiller, qui ne peut être enlevé que dans les cas et formes prévues par la loi, *n'est pas un état.*

(1) Voir Annexe n° 3.

propriété du grade qu'avait créés la loi de 1834 n'étaient pas *formellement*, *expressément* enlevés aux demandeurs par la loi d'exception du 22 juin 1886 ;

2º Pour ces Princes, dans sa thèse encore, la perte de leurs grades était la conséquence, l'effet d'une incompatibilité entre les qualités de Prince et d'officier résultant à la fois de cette loi d'exception et des lois organiques de 1832 et 1834. Il s'abstenait toutefois (1) d'affirmer que cette perte fût aussi le but que poursuivait la loi de 1886.

Pour conclure en effet au rejet du pourvoi :

Il avait tout d'abord interprété le texte qui dans l'article 4 interdisait aux membres des familles ayant régné en France « *d'exercer à l'avenir aucune fonction publique* ». Et quoiqu'en notre Droit depuis un demi-siècle la privation du grade fût, nos lecteurs le savent, une véritable peine, que les travaux préparatoires de la loi du 22 juin n'offrissent aucune donnée autorisant cette thèse, bien qu'en la rapprochant du projet analogue repoussé par les Chambres en 1883, la formule « *ne pourront* ENTRER *dans les armées* » attestât au point de vue des emplois militaires l'intention de disposer seulement, simplement pour l'avenir, M. le Commissaire affirmait cependant que la défense « *d'exercer aucune fonction publique* » interdisait aux Princes qui possédaient des grades de remplir désormais un emploi dans l'armée.

Ce sens, cette portée attribuée à la prohibition, il avait fait et fait à ce moment seulement intervenir les lois de 1834 et 1832, prétendu que la loi de 1834 dont les articles 2 à 14 assurent dans tous les cas une position à l'officier, subordonnait la conservation du grade, de l'état d'officier, à la conservation de l'une au moins des positions qu'elle a prévues. Et alors — sous prétexte que les termes et les travaux préparatoires de la loi d'exception du 22 juin 1886 n'attribuaient aux Ducs d'Aumale, de Chartres, d'Alençon, de Nemours, aucune des positions définies par la loi 1834, que la défense d'*exercer aucune fonction publique* ne leur permettait plus de demeurer dans celle de non activité où ils étaient placés, — il en venait à dire, bien qu'au cours des débats du projet repoussé en 1883 Commission et Ministres eussent hautement affirmé

---

(1) C'est en ce point seulement que l'arrêt en diffère.

« que la défense d'exercer un emploi militaire ne touchait pas au grade, créait seulement un cas nouveau de mise en non activité » (1), il en venait à dire que pour les demandeurs la perte de leurs grades était le résultat juridique, la conséquence forcée de la combinaison qu'il fallait faire de la prohibition précitée et des lois organiques de 1832 et 1834.

En cette opinion donc de M. Marguerie :

1° La loi du 22 juin n'enlevait pas *formellement, directement* leurs grades aux Princes ;

2° De la combinaison de cette loi avec celle de 1832 et 1834, *sans qu'il eût même cherché si les Chambres à la date du 22 juin 1886, avaient voulu, prévu cette conséquence,* il résultait pour lui, comme l'affirmait l'arrêt, une incompatibilité absolue entre leur qualité de membres d'une famille ayant régné en France et la qualité d'officier dans les armées de ce pays.

§ II. — *« La doctrine adoptée par M. Marguerie, consacrée par l'arrêt, méconnaît à la fois le droit et la logique »*.

Déjà et à elles seules, ces lois de proscription antérieures qui TOUTES SANS EXCEPTION AVAIENT MIS MATÉRIELLEMENT OBSTACLE A L'EXERCICE DES DROITS SANS JAMAIS EN PRIVER, eussent hautement protesté contre ce *résultat juridique,* cette conséquence forcée qu'aux termes de l'arrêt, d'après les conclusions de M. Marguerie, aurait produite de la loi du 22 juin 1886.

En droit comme en raison d'ailleurs les principes les plus sûrs, un sérieux examen de cette loi du 22 juin, des deux lois organiques de 1832, de 1834, repoussent absolument, 1° le sens et l'interprétation que l'arrêt du 20 mai, les conclusions du 13 donnaient aux deux dernières, 2 le sens et la portée qu'ils attribuent à celle de 1886

Dans nos lois en effet, nous l'avons déjà vu (2), l'*état* pour les

---

(1) En 1883, la commission chargée de rédiger ce projet aux termes duquel les Princes n'auraient pu exercer à l'avenir un emploi militaire, eût pu placer les Princes inscrits sur les contrôles dans la position de réforme qui aurait répondu à cette prohibition, créer pour eux un cas spécial de mise en réforme. Elle n'avait pas voulu aller jusque-là.

(2) Pages 12 et 13.

personnes constitue par essence un titre, une qualité qui n'est à la merci du législateur ni du pouvoir exécutif (1), qu'elles peuvent perdre seulement par leur fait ou leur faute, dont la perte hors les cas où elle est volontaire à tous les caractères d'une *capitis diminutio*, d'une véritable peine. Dès lors avec cette loi de 1834 qui avait imprimé solennellement au grade le caractère d'*état*, notre droit avait fait du titre d'officier un titre, une qualité qui comme celle de Français n'est plus à la merci ni du législateur ni du pouvoir exécutif, que l'officier ne perd que dans des cas donnés et dont la privation lorsqu'il faut la subir, est elle aussi une *peine*, une *capitis diminutio*. A cet égard, les termes, l'esprit de la loi de 1834 calquée comme à dessein sur les textes du Code qui ont réglementé la *privation des droits civils* (2), dont l'article 1er emprunte même sa formule : « *L'officier ne peut la perdre...* » à l'article 17 : « *La qualité de Français se perdra...* », ne permettent pas le doute. A moins donc d'abroger, d'anéantir cette loi fondamentale de 1834, aucune loi postérieure, aussi formelle qu'elle fût, ne pouvait vraiment pas ôter l'état, le grade à aucun officier. — Tout au contraire, avec les conclusions, la thèse que consacre l'arrêt, non seulement cet état, ces précieuses garanties dont depuis cinquante ans la justice devait *seule* et *dans des cas donnés* priver un officier, pourraient être à l'avenir expressément enlevés à certains officiers par une loi politique : cet état, ces précieuses garanties seraient en outre à la merci d'une interprétation, du sens plus ou moins large qu'il plairait d'attribuer aux lois de cette nature ! ! !

Même avec cette doctrine, cette déchéance pût-elle être valablement prononcée par une loi, pût-elle même résulter d'une interprétation qu'en un cas comme le nôtre où l'interprétation de la formule générique « *ne pourront exercer aucune fonction publique* » entraînait, disait-on, cette *capitis diminutio* qu'emporte par elle-même la privation du grade, — la raison, les principes eussent encore exigé (3) que cette interprétation eût tout au moins pour base une volonté formelle expri-

---

(1) En cas d'annexion de territoire il faut une option pour modifier l'état, la qualité de citoyen des habitants du pays annexé.

(2) Articles 17 et suivants du code civil.

(3) Les incapacités ne se présument pas.

mée par les Chambres qui eussent ainsi donné à la disposition son véritable sens ! — Cette règle d'interprétation absolument élémentaire était mise de côté par M. Marguerie : les conclusions par lui développées le treize mai, n'examinaient même pas si les Chambres pensaient donner pareille portée à la prohibition. Bien plus : en son système lorsqu'on y réfléchit, la volonté contraire qu'elles auraient exprimée n'aurait même pas compté ! — En effet, dans cette thèse d'après laquelle la loi de 1834 aurait subordonné la conservation du grade, de l'état d'officier à la conservation de l'une au moins des quatre positions qu'elle avait définies, — d'après laquelle encore toute loi qui défendrait à certains officiers *sans les mettre d'ailleurs en retraite ou réforme*, d'exercer à l'avenir un emploi dans l'armée, mettrait ces officiers dans l'impossibilité de conserver, d'obtenir aucune des positions susdites, — le projet antérieur de 1883 qui, *lui*, interdisait expressément aux Princes « *d'exercer désormais un emploi militaire* » eût forcément enlevé à ceux qui figuraient déjà sur les contrôles les grades qu'à cette époque le Ministre lui-même déclarait leur rester. Ce projet adopté, la réserve du grade qu'avaient eu soin de faire Commission et Ministres, la volonté formelle qu'eussent exprimée les Chambres, fussent venues se heurter, si solennelles qu'elles fussent, aux textes qui régissent les positions de l'officier. Faute d'avoir affirmé par une disposition absolument formelle que la défense d'exercer un emploi militaire créait un cas nouveau *de non activité* (1), ces textes auraient fait de même qu'avec la loi de 1886 absolument obstacle à ce que les Princes pussent conserver, obtenir aucune des positions dont dépendaient leurs grades. Donc sans conteste encore, le but, la volonté que poursuivaient les Chambres par cette prohibition « *d'exercer à l'avenir aucune fonction publique* » ne comptait pour rien, N'AURAIT MÊME PU COMPTER dans la thèse présentée par M. Marguerie !

Aussi dès le 20 mai, le Conseil d'Etat, lui, comprenait que l'interprète, le Juge appelé à prononcer sur le sens, les effets d'une telle prohibition, ne pouvait vraiment pas faire aussi bon marché du but, de la portée que le législateur voulait lui assigner. Alors, plus hardi même que M.

(1) C'était nous le verrons la pensée du Ministre, des auteurs du projet en 1883.

Marguerie, il avait, nonobstant les débats solennels affirmant par deux fois que ces prohibitions ne touchaient pas au grade, même contre la raison, déclaré dans l'arrêt que cette incompatibilité entre les qualités de Prince et d'officier signalée comme l'effet de la prohibition était encore le but que poursuivait la loi !

La raison en effet repoussait même l'idée que la loi voulut créer pareille incompatibilité et qu'elle n'eut pas clairement marqué cette volonté, qu'elle l'eut marquée surtout en termes équivoques, semblant même écarter cette interprétation (1) et ce précisément en ce qui touche les Princes auxquels elle infligeait une déchéance, une *capitis diminutio*.

En 1886, en 1883 les débats des deux Chambres attestaient, disons nous, une volonté tout autre.

En 1883 d'abord, ni Ministres ni Chambres ne voulaient, n'eussent pensé que le projet de loi qui portait à cette date interdiction expresse d'exercer à l'avenir un emploi militaire entrainât pour ces Princes la privation du grade. Le 20 janvier en effet quand le débat s'ouvrit, le Gouvernement même, nous l'avons déjà vu, apportait à la Chambre un projet disposant « que ces Princes seraient mis simplement en disponibilité dans les termes prévus par la loi organique de 1834 ». Puis, le 2 février lorsqu'il voulut soutenir ce projet ultérieur qu'il avait préparé avec la Commission dans le but d'écarter les motions plus sévères des Députés Floquet, Ballue, Lockroy, le Ministre affirmait qu'à l'égard de ces Princes la défense d' « *exercer un emploi militaire* » avait seulement pour but, aurait pour seul effet « de placer ces officiers dans la position de non activité par retrait d'emploi en ajoutant pour eux ce cas particulier de non activité à la loi organique de 1834 » (2). Ainsi

---

(1) La formule « *entrer dans les armées* » semble affirmer que pour tout ce qui touche au service, aux emplois militaires on voulait respecter les situations acquises.

(2) Journal *Officiel* du 20 janvier 1883, séance du 20 Janvier, pages 79-81 : Projet du Gouvernement — id. id. pages 81-82 : Projet Ballue-Lockroy. — Journal *Officiel* du 28 janvier, séance du 27 janvier, page 159 : Projet de la Commission. — Journal *Officiel* du 2 février, page 218, colonnes 2 et 3. — Le général Thibaudin, Ministre de la guerre : «... *Cette situation ne leur enlève pas le grade*... Le projet crée simplement pour les Princes une catégorie spéciale d'officiers en retrait d'emploi... Ils seront mis en retrait d'emploi sur l'ordre du Ministre, conformément aux dispositions de l'article 5 de la loi du 19 mai 1834. »

interprété, réduit à cette portée, le projet écarté en 1883 devait simplement faire une prescription légale d'une mesure dont le Gouvernement peut user à son gré envers tout officier, prolonger la durée autant que bon lui semble. La mesure donc sûrement n'eut eu rien de commun avec une déchéance, une *capitis diminutio*.

En 1886, cette mesure à l'égard des Ducs d'Aumale, de Chartres, d'Alençon, de Nemours... était un fait déjà depuis longtemps acquis, remontait même à une date permettant de poursuivre leur mise en réforme (1). Dans cet état des choses, à peine de supprimer ce caractère du grade *qu'on maintenait*, disait-on, *au-dessus de toute atteinte*, la loi du 22 juin ne pouvait, n'avait plus qu'à fermer la carrière militaire aux Princes qui n'étaient pas encore dans nos armées. — A elle seule, la formule : « *ne pourront* ENTRER DANS LES ARMÉES, *ni exercer aucune fonction publique* » assurément choisie pour ne pas réveiller les débats, les scrupules qu'avait précédemment suscités la défense « d'exercer un emploi militaire », aurait donc affirmé qu'en ce qui touche les Princes déjà pourvus de grades, la loi du 22 juin comme les lois antérieures entendait respecter les situations acquises, que la défense d'exercer aucune fonction publique ne visait pas du tout les emplois dans l'armée. A cet égard d'ailleurs les motifs, l'assurance que le Gouvernement donnait encore aux Chambres à l'effet d'expliquer, de faire accepter cette fois la mesure défendant d' « *entrer dans les armées* », étaient des plus formels. Le onze juin en effet, M. de Freycinet Président du Conseil rappelant à la tribune que des lois d'exception avaient dans le passé conféré, *elles aussi*, des privilèges aux Princes, disait « qu'elles avaient fait précisément donner à quelques uns des grades qui RESTAIENT LEUR PROPRIÉTÉ après que ces lois avaient vécu » (2).

Ainsi et à coup sur, le texte de la loi en ce qui touche l'armée, le but, la volonté que poursuivaient les Chambres repoussaient complètement

---

(1) Articles 12 et 13 de la loi du 19 mai 1834. — Aux termes de ces articles la mise en réforme peut être prononcée d'après avis d'un Conseil d'enquête lorsque l'Officier est demeuré plus de trois ans dans la position de non activité.

(2) Journal *Officiel* du 11 juin 1886, M. de Freycinet, page 1071.

les effets, la portée que les conclusions, l'arrêt attribuent à cette loi du 22 juin 1886 (1).

Les deux lois organiques de 1832, de 1834, ces deux lois dans lesquelles les conclusions, l'arrêt ont prétendu puiser cette incompatibilité absolue qu'ils déclarent exister entre les qualités de Prince et d'officier protestaient, elles surtout, contre cette théorie d'après laquelle la loi interdisant aux Princes inscrits sur les contrôles d'exercer à l'avenir un emploi de leur grade sans leur donner aucune des positions de l'officier, avait nécessairement pour effet juridique, — lorsqu'on la combinait avec 1° les textes qui régissent les positions (2), 2° le principe « qu'on ne peut accorder désormais de grades honoraires en France » (3), — de créer, d'établir comme le disait l'arrêt une incompatibilité absolue entre les qualités de Prince et d'officier.

Tout d'abord à cette date de 1832 à laquelle on n'avait pas encore arrêté les précautions, mesures qui pourraient résulter du principe énoncé dans l'article 24, la loi du 14 avril qui déclarait le grade distinct de l'emploi, voulait que le Gouvernement put toujours disposer librement du second, que le grade au contraire fût désormais une qualité restant à l'officier en dehors de l'emploi, n'entendait certainement pas viser, faire tomber sous le coup de cette prohibition : « qu'on n'accorderait plus de grades honoraires en France » les cas où l'officier serait de par la loi dans l'impossibilité d'obtenir un emploi correspondant au grade régulièrement acquis. Persuadée simplement qu'elle donnerait plus d'attrait, plus de valeur au grade (4) en écartant nettement tout ce qui avait fait ou pourrait sembler faire obstacle à l'avancement des

---

(1) Le Gouvernement en convenait lui-même implicitement dans son mémoire au Conseil d'Etat puisqu'il déclinait tout d'abord (voir les conclusions de M. Marguerie reproduites *in extenso* dans Annexe n° III) la compétence de cette haute juridiction, prétendait avoir fait *acte de gouvernement*. Il avait donc *de son propre aveu* fait plus, fait autre chose qu'exécuter la volonté des Chambres.

(2) Articles 2 à 14 de la loi du 19 mai 1834.

(3) Article 21 de la loi du 14 avril 1832.

(4) Toute la loi du 14 avril 1832 (art. 21, 24...) comme la loi de 1834 n'a pas d'autre but.

militaires servant effectivement sous le drapeau, cette loi avait voulu par la disposition de l'article 21 abolir cet usage des anciennes Monarchies que l'on rencontre encore chez tant d'autres Puissances (1), suivant lequel de hauts et puissants personnages recevaient à *un titre purement honorifique* (2) certains grades supérieurs auxquels pourtant n'avait pas répondu, ne devait pas répondre un service effectif dans les armées Françaises. Simple restriction mise au pouvoir d'accorder, de *conférer* les grades, le principe en un mot n'avait rien de commun avec les conditions, les cas dans lesquels l'officier devait perdre ou du moins ne pouvait conserver le grade régulièrement acquis. — Dès lors et sans conteste des deux bases sur lesquelles M. le Commissaire avait fait reposer l'*incompatibilité* affirmée dans l'arrêt, l'une déjà aurait fait absolument défaut. Tous donnés à ces Princes pour services effectifs, dans les termes prévus par les lois, ordonnances, les grades à eux enlevés n'avaient aucun rapport avec les distinctions purement honorifiques que prohibait la loi de 1832.

Très certainement encore en 1834 lorsqu'elle réglementait les quatre *positions* correspondant à toutes les situations qu'en fait aurait un officier, la loi du 19 mai qui déclarait, voulait avant tout faire du grade cet *état* qu'un jugement seulement pourrait atteindre, n'avait pas « établi, comme M. Marguerie l'affirmait le 13 mai, entre les positions, « le grade une connexité telle qu'elle fit dépendre cet état du *grade* « *accompagné d'une position*, que la conservation de l'état d'officier était « subordonnée au maintien de l'officier dans l'une des positions « prévues ».

Dans cette thèse en effet de M. le Commissaire, la position serait, sous l'empire de la loi de 1834, l'élément nécessaire, une *condition sine quâ non* du caractère d'état. Or, nous allons le voir, loin d'être l'élément capital, essentiel de l'état d'officier, ces quatre positions qui de fait existaient sous les lois antérieures et tenaient uniquement aux considérations

---

(1) En Russie, en Allemagne, en Autriche, les Empereurs et d'autres grands personnages... sont colonels,... *honoraires* dans les armées des deux autres Puissances.
(2) Les mots « *honorifiques* » et « *honoraires* » sont synonymes dans la pensée de l'article 21 de la loi du 14 avril 1832.

et circonstances multiples qui déjà sous ces lois voulaient que l'officier sáns être révoqué cessât dans certains cas d'exercer ses fonctions, étaient en vérité de simples bénéfices, précautions accessoires que pour faire rechercher les emplois militaires, cette loi qui s'occupait d'ailleurs également de la solde (1), des divers privilèges attachés au traitement (2), rappelait, réglementait à côté (3) mais à part de l'*état* d'officier dans cette unique pensée de bien mettre en relief, de montrer du même coup et dans un même tableau les réelles garanties et tous les avantages qu'offrirait désormais la fonction d'officier (4).

Ces avantages, précautions accessoires, disons nous, se rencontraient en fait sous les lois antérieures, avaient seulement pour cause les considérations et circonstances multiples qui déjà sous ses lois voulaient que l'officier, sans être révoqué, cessât dans certains cas d'exercer ses fonctions :

L'expérience en effet comme la raison l'indique, souvent des raisons d'âge, de santé, discipline, la confiance relative qu'en certains cas les chefs auront dans l'officier, parfois des circonstances absolument fortuites comme un licenciement de corps, une suppression d'emploi, une captivité plus ou moins longue..., ce droit enfin que le Gouvernement avait, a conservé de toujours à son gré disposer de l'emploi, pouvaient ou devaient faire que l'officier cessât tantôt provisoirement, d'autrefois pour toujours et quoique jeune encore, d'exercer les fonctions que supposait son grade. — En 1834 et dans un Titre à part intitulé DES POSITIONS DE L'OFFICIER (5), la loi du 19 mai ramenait à quatre

---

(1) La solde n'est pas un élément du caractère d'*état* et elle fait comme les positions l'objet d'un titre spécial, le Titre III.

(2) La loi du 19 mai 1834, articles 15 à 21.

(3) Les positions font l'objet d'un Titre à part, le Titre II intitulé : Des Positions de l'Officier.

(4) Comme nous l'avons vu pages 31-32, il y avait en 1834 un réel intérêt à donner ce tableau puisque cette loi du 19 mai avait précisément pour but de rendre à la carrière des armes l'attrait que lui avaient fait perdre la Révolution de 1830 et les nombreuses démissions qu'elle avait entraînées.

(5) La loi de 1834 comprend les 6 Titres ci-après : « Titre I : du Grade ; — Titre II : Positions de l'Officier ; — Titre III : de la Solde ; — Titre IV : Dispositions transitoires ; — Titre V : de l'Application à l'Armée de mer ; — Titre VI : Dispositions générales. »

types : l'activité (1), la non activité, la réforme, la retraite, les conséquences diverses qu'au point de vue de l'emploi, de l'exercice des fonctions, ces considérations et circonstances multiples pourraient avoir en fait sur la situation de l'officier, déterminait en outre les formes et seuls cas dans lesquels auraient lieu la mise en non activité et la mise en réforme.

De ces quatre positions, on l'a déjà compris, deux à *coup sur* : l'*activité*, la *non activité* qui n'est, ne saurait être que la suspension, cessation matérielle des fonctions d'officier (2), n'avaient aucun rapport avec le caractère d'*état* qu'on conférait au grade. Par la force des choses, on les eût rencontrées, on les rencontrerait dans une législation où le grade eût été, serait comme la fonction révocable *ad nutum*, n'aurait dès lors rien du caractère d'état. En face des circonstances et raisons qui précèdent, on les eût également rencontrées en pratique, sous une loi militaire qui n'aurait pas comme celle de 1832 admis la distinction du grade et de l'emploi, dans le cas où l'officier sans être révoqué devrait pendant un certain temps matériellement cesser d'exercer ses fonctions. — En 1834 quand intervint la loi « sur l'Etat d'officier », non seulement ces premières positions qu'on trouverait forcément dans toute loi militaire : l'activité, la non activité, étaient admises en fait sous les lois antérieures ; aux termes bien exprès des articles 14, 22, 23 de cette loi du 19 mai, les deux autres encore : la *retraite* qu'on admettait bientôt pour tant d'autres fonctions, la position de *réforme* même qui répondait aux cas où la révocation, le retrait pur et simple des fonctions d'officier eût paru trop sévère, aurait pris même souvent un caractère odieux (3), étaient des situations prévues, réglementées par des lois, ordonnances (4). A partir de la loi de 1832 dont l'article 24 que la loi de 1834 avait tout simplement confirmé, complété en indiquant les formes et seuls cas dans lesquels l'officier pourrait dorénavant être privé

---

(1) La *disponibilité* est une forme particulière de la position d'*activité*.

(2) Autrement en effet la *non-activité* se confondrait avec la *réforme*.

(3) Au cas par exemple de réforme pour infirmités incurables et survenues dans le service (art. 11 de la loi de 1834).

(4) Articles 14, 22 et 23 de la loi du 1834. — L'art. 14 dit en effet : « la retraite est la position de l'officier rendu à la vie civile et admis à la jouissance d'une pension

du grade, dont l'article 24 disposait que le grade était dorénavant distinct de l'emploi, puis déclarait « qu'il ne pourrait à l'avenir être enlevé que dans les cas et formes déterminées par la loi (1) » : en un mot, à *une date où le grade n'avait pas le caractère d'état*, l'officier se trouvait virtuellement, par la force des choses, au cas où le Pouvoir disposait de l'emploi, être placé et demeurer dans la position de non activité aussi longtemps qu'on ne l'avait pas placé, fait passer dans celle de la retraite ou celle de la réforme. Dès cette époque encore de 1832 et *avant que le grade ne devint un* ÉTAT, la mise à la retraite et la mise en réforme se trouvaient désormais avec la démission, *restaient donc sous la loi de 1834* les seules manières normales (2) dont les fonctions d'officier pussent vraiment prendre fin.

Sous les anciennes lois d'ailleurs, sous toute législation qui comme elles admettraient que le grade et l'emploi font une seule et même chose, les premières positions qui tiennent à la nature et aux vicissitudes de l'emploi (3) d'officier : l'activité, la non activité — position dans laquelle

---

conformément aux lois en vigueur ». — Il y avait donc bien déjà à cette époque des lois qui accordaient une *pension de retraite* aux officiers sous certaines conditions.

L'article 22 porte : « les officiers actuellement en jouissance de solde de congé illimité et de *non activité* ou de *traitement de réforme* restent dans les *positions* où ils ont été *placés par les ordonnances royales*. » — L'article 23 dit encore : « les officiers mis en réforme avec ou sans traitement depuis le 1er avril 1814 jusqu'en août 1830... »

Ainsi il n'y a pas de doute : les positions de non activité, de réforme, de retraite, existaient de fait, étaient depuis longtemps réglementées aux termes mêmes de la loi du 19 mai 1834.

(1) L'article 24 dispose : « Aucun officier ne pourra être privé de son grade que dans les cas et formes déterminées par la loi. » — Le principe était donc posé à une date où le grade n'avait pas le caractère d'*état*.

(2) Nous ne pouvons considérer comme une cessation normale des fonctions d'officier l'usage que fait le gouvernement de la libre faculté qu'il a de disposer de l'emploi. A partir de 1832 d'ailleurs on ne pouvait pas dire qu'en ce cas les fonctions eussent vraiment, eussent définitivement pris fin.

(3) Nous nous servons à dessein du mot *emploi*. Cette expression est en effet l'expression, la formule que consacre la loi de 1832 lorsqu'elle fait allusion aux fonctions d'officier, la formule qu'elle a précisément choisie pour bien marquer la nuance qu'elle établit entre le grade et les fonctions de l'officier.

l'officier n'est, n'était par en droit déchu de sa fonction — accompagnaient, seraient par la force des choses l'accessoire matériel, l'accessoire nécessaire de l'emploi comme du grade. Au contraire les deux autres qui résultent seulement de l'impossibilité de ne pas reconnaître ce genre de services, en sont en vérité la simple récompense : la retraite, la réforme, ne pouvaient être données sous les lois antérieures, ne pourraient l'être encore sous une législation qui ne distinguerait pas entre l'emploi, le grade, qu'à la date où l'emploi, par conséquent le grade devaient vraiment cesser d'appartenir à l'officier. — Sous le régime des lois de 1832, de 1834, de la séparation du grade et de l'emploi, ces dernières positions sans aucun doute encore ne peuvent être données que lorsque la fonction a réellement pris fin. Seulement de ce principe que le grade a maintenant le caractère d'*état*, qu'il est indélébile, survit à la fonction, découle ce résultat matériel, nécessaire que le grade aujourd'hui par la force des choses se trouve ACCOMPAGNER (1), persister à côté de ces deux positions. C'était ce résultat virtuel et nécessaire que la loi organique de 1834 entendait constater, bien mettre en évidence lorsqu'elle avait indiqué, défini les quatre positions dans le tableau complet qu'elle traçait, disons nous, de toutes les garanties, de tous les avantages dont étaient et seraient désormais entourées les fonctions d'officier (2). Ainsi s'explique comment faute d'un mûr examen ces positions ont pu, pourraient encore sembler, à quelques uns du moins, un réel élément et comme un caractère de l'ETAT d'officier.

---

(1) Dans la thèse de M. Marguerie (*Gazette du Palais* du 15 mai, page 2, colonne 4, — Voir Annexe n° III), la loi de 1834 faisait dépendre l'Etat d'officier du *grade accompagné d'une position.* En vérité pour les deux dernières positions au moins, c'est au contraire le grade qui, A RAISON DU CARACTÈRE D'ÉTAT, se trouve « *accompagner* » maintenant les positions de réforme et de retraite.

(2) Il est tellement vrai, si certain lorsqu'on y réfléchit, qu'en ce qui touche ces garanties, précautions dont sous ce nom de positions notre Droit *de longue date,* nous venons de le voir, entourait les fonctions d'officier, les effets, conséquences de la loi organique de 1834, de l'état d'officier, se bornaient

1° à confirmer ce double résultat de la disposition de 1832 qui ne permettait plus aucune révocation... — « qu'à l'avenir l'officier quand le gouvernement disposait de l'emploi était de plein droit placé dans la position de non activité, — que la mise à la

Donc à coup sûr encore et comme nous l'avons dit, ces quatre positions qu'en 1834 la loi réglementait en dehors, à côté de l'état d'officier, existaient déjà toutes sous les lois antérieures, n'avaient non plus avec le caractère d'état aucun lien qui permit d'affirmer, comme le voulait la thèse adoptée par l'arrêt, « que la conservation de cet état, du grade, était subordonnée au maintien de l'officier dans l'une des positions susdites ».

Alors, en vérité, il ne restait plus rien, absolument plus rien des arguments divers qu'on assignait pour bases à cette *incompatibilité absolue entre les qualités de Prince* et d'officier que le Conseil d'Etat, malgré les assurances données à la Tribune et le déclinatoire du Ministre lui-même, affirmait le 20 mai avoir été le BUT de la loi d'exception. Il ne restait dès lors absolument plus rien de cette combinaison de la loi du 22 juin 1886 et des lois organiques de 1832 et 1834 dans laquelle le 13 mai M. le Commissaire montrait *avec tant d'art* ces lois fondamentales de 1832, de 1834 venant précisément favoriser, rendre possible cette atteinte au grade que *même avec sa thèse* ELLES DEVAIENT EMPÊCHER ! !

Dans cette thèse en effet de M. Marguerie, pour peu que l'on y songe et plus on l'examine, les quatre positions : l'activité, la non activité, la retraite, la réforme étaient absolument comme en notre

---

retraite ou la mise en réforme était dorénavant, avec la démission, la seule manière normale dont les fonctions d'officier pussent vraiment prendre fin » ;

2° A ce résultat matériel, on peut dire, du caractère indélébile qu'on imprimait au grade, à savoir : « — que le grade à l'avenir se trouvait accompagner les positions de retraite et de réforme, rester à l'officier en même temps, à côté de ces deux positions » :

C'est, disons nous, un point si vrai, si manifeste — il est si vrai, si sûr qu'entre les positions, le grade cette loi ne produisait nulle autre relation —, que lorsque l'officier placé dans la position de retraite où dans celle de réforme pour infirmités incurables, venait à être privé de son grade dans les formes et pour l'une des causes prévues par la loi de 1834 en l'article 1er, cet officier, le bon sens, les principes l'affirment à eux seuls, ne perdait pas avec le grade la position qui lui valait, qui consistait précisément dans cette pension de retraite (article 14) ou de réforme (article 11), laquelle était au premier cas la rénumération de ses services comme la conséquence des retenues opérées sur sa solde, était au second cas la simple indemnité d'infirmités contractées en exposant sa vie pour le Pays.

opinion, étaient par leur nature, par la force des choses, les trois dernières du moins, des privilèges, garanties, précautions dont la loi entourait les fonctions d'officier. Son système consistait tout simplement à dire : que la loi de 1834 « sur l'état d'officier » voulait faire, avait fait de la conservation de l'une au moins des quatre positions susdites la condition essentielle, nécessaire de la conservation de cet état, du grade ; — qu'en 1886 la loi du 22 juin, en défendant aux membres des familles ayant régné d'*exercer désormais aucune fonction publique*, avait mis ceux d'entr'eux qui possédaient des grades dans l'impossibilité de demeurer à l'avenir dans la position de non activité ; qu'en ne leur assignant ni celle de la retraite ni celle de la réforme, elle les mettait dès lors nécessairement dans l'impossibilité de conserver aucune de ces positions dont dépendaient leurs grades. En un mot elle créait, comme l'affirmait l'arrêt, « une incompatibilité absolue entre leur qualité de Princes et celle d'officier dans l'armée. »

Or nous venons de voir qu'à partir de la loi de 1832, les principes et régime introduits par cette loi puis complétés par celle de 1834 voulaient que l'officier au cas où le Pouvoir disposait de l'emploi, se trouvât de plein droit, par la force des choses dans la position de non-activité, demeurât dans celle-ci aussi longtemps qu'il n'aurait pas donné sa démission ou n'aurait pas été placé dans celle de la retraite ou celle de la réforme. En fait de même qu'en droit, à dater de cette loi de 1832, l'officier avait donc et nécessairement toujours une position. Par lui-même tout d'abord en cet état du droit, — les quatre positions eussent elles été bien réellement créées en 1834, auraient elles même avec le caractère d'*Etat* un véritable lien, — ce fait que l'officier avait toujours une position, fait qui tenait seulement à l'impossibilité de prononcer désormais aucune révocation, n'impliquait pas du tout, n'autorisait nullement, si le législateur n'y avait formellement attaché cet effet, à croire, à affirmer que la conservation par l'officier de l'une des positions fût dans l'esprit de la loi de 1834 une condition nécessaire, essentielle de la conservation de l'état et du grade. Avec ces caractères de privilèges, garanties, précautions attachées désormais à l'état d'officier, la seule raison, le seul bon sens proteste formellement contre cette prétention, repousserait cette doctrine dans laquelle les lois uniquement faites pour protéger le grade, les garanties, précautions par elles prises à cette fin, viendraient précisément, nous le disons encore, favoriser, rendre possible l'atteinte qu'au contraire elles devaient empêcher ! ! !

Il y a plus. Avec ces caractères de privilèges, de garanties, précautions destinées à maintenir, affirmer le caractère d'état, la conservation de l'une au moins des quatre positions, loin d'être la condition forcée, *sine quâ non* de la conservation du grade, de l'état d'officier, se trouvait au contraire, à dater de cette loi, par la force des choses l'accessoire nécessaire, la conséquence forcée de la conservation de cet état, du grade. En un mot sous cette loi, tant qu'il avait le grade, qu'un acte, une décision du Pouvoir compétent ne le lui avait pas expressément enlevé, l'officier par là même avait nécessairement, devait avoir toujours une position. Sans doute sous les lois antérieures, lorsque la qualité d'officier, le grade formait avec l'emploi, la fonction comme une seule et même chose, était de même que cette fonction absolument à la merci de la Puissance exécutive et comme elle prenait fin par une révocation, par la mise à la retraite ou la mise en réforme, le retrait de l'emploi par la Puissance exécutive sans placer l'officier en non activité... n'était ni plus ni moins que la révocation, emportait par là même retrait de la fonction, par conséquent du grade. Depuis ces lois nouvelles de 1832, de 1834, de par lesquelles le grade était dorénavant distinct de l'emploi, constitue désormais un titre, une qualité qui n'est à la merci ni du législateur ni du pouvoir exécutif, qu'une décision en forme de jugement peut seul enlever à l'officier, — le retrait de l'emploi, de la fonction constitue une mesure dont les Pouvoirs publics peuvent en fait prolonger la durée, les effets autant que bon leur semble, mais qui juridiquement, en dehors du jugement que nous venons de dire, ne prend un caractère vraiment définitif que par la mise en réforme ou la mise à la retraite. Dès lors donc l'officier qui subit ce retrait est par là même placé et demeure de plein droit dans la position de non activité aussi longtemps qu'on ne l'a fait passer dans celle de la retraite ou celle de la réforme. En 1883, 1886 d'ailleurs, les textes proposés comme les débats l'attestent, les auteurs des projets, le Gouvernement, les Chambres qui répugnaient d'aller vis à vis de ces Princes plus loin qu'avaient été les proscriptions anciennes, reconnaissaient, avaient compris que dans l'esprit, le système de la loi organique de 1834, la conservation du grade emportait par elle-même et comme nous le disons la conservation de l'une des positions qu'elle avait définies, — que ne pouvant légalement leur enlever cet état, ne voulant pas même aller jusqu'à la mise en réforme (1) il fallait les placer, on devait les laisser dans la position de non activité. En 1883, en effet, nous l'avons vu page 65, le Ministre affirmait que la loi proposée mettait les Princes pourvus de grades dans la position de non activité : en 1886, date à laquelle les Princes avaient depuis longtemps cette position, le Ministre constatait que le grade *restait leur propriété* (2) et la loi se bornait à interdire aux autres d'ENTRER *dans les armées.*

Aussi tout bien pesé, de même que le projet, les discussions de 1883, que le texte, les débats de la loi du 22 juin, un sérieux examen de la loi organique de 1834, du but et de l'esprit dans lesquels elle avait indiqué, défini les quatre positions, les eût-elle même créées, données à l'officier, venait bien attester, aurait dû faire comprendre à M. Marguerie, puis au Conseil d'Etat qu'en n'enlevant pas expressément aux Princes inscrits sur les contrôles les grades par eux acquis, qu'en se servant surtout de la formule *ne pourront* ENTRER *dans les armées* qui marquait l'intention de disposer pour l'avenir en ce qui touche du moins les emplois militaires, cette loi de 1886 n'entendait pas ranger dans les *fonctions publiques* (3) qu'elle défendait aux Princes les fonctions d'officier, voulait précisément marquer par ces formules : « *ne pourront* ENTRER *dans les armées... ni exercer aucune fonction publique* (lisez

---

(1) Les mettre en réforme eut été aller plus loin que le décret du 26 mai 1848, voir page 16.

(2) Journal *Officiel* du 11 juin 1886. — M. de Freycinet, page 1078.

(3) Encore une fois en effet, nous l'avons vu pages 59-62, mais nos lecteurs nous pardonneront d'insister même outre mesure sur ce point capital : dans l'état de cette loi d'exception du 22 juin 1886 qui se bornait à interdire aux Princes « *d'*ENTRER *dans les armées*, d'exercer désormais aucune fonction publique », l'*incompatibilité* absolue entre les qualités de Prince et d'officier, affirmée par l'arrêt, ne pouvoit véritablement résulter pour le Conseil d'Etat que de la disposition interdisant aux Princes d'exercer désormais aucune fonction publique. Elle ne pouvait dès lors résulter, dans l'état de la loi de 1834 d'après laquelle le grade constituait un état... était un titre, une qualité absolument distincte de l'emploi, de l'exercice des fonctions, survivant à celle-ci, que de la thèse émise par M. Marguerie et dans laquelle cette loi de 1834 aurait subordonné la conservation du grade, de l'état d'officier à la conservation de l'une au moins des quatre positions qu'elle avait définies.

fonction civile) », que ceux des Princes inscrits déjà dans les armées y conservaient ces positions de non activité que le caractère du grade forçait à leur laisser.

M. Marguerie du reste avait si bien compris l'impossibilité d'admettre que la loi de 1834 eût, comme il l'alléguait sans fournir d'argument à l'appui de cette thèse, « établi entre les positions et le grade une connexité telle qu'elle aurait fait dépendre l'état d'officier du grade accompagné d'une position », que pour justifier cette prétendue connexité, montrer qu'une position était la condition *sine quâ non* du grade, il invoquait ce principe : qu'on ne peut plus accorder de grades honoraires en France, faisait intervenir cet article 21 de la loi organique de 1832 qui, comme nous l'avons vu, prohibait simplement les collations de grades à titre honorifique, n'avait rien de commun soit avec les motifs qui dès avant cette loi de 1832 faisaient déjà donner les positions de retraite et de réforme, soit avec une espèce dans laquelle l'officier se trouvait, disait-il, placé de par la loi dans l'impossibilité d'avoir jamais l'emploi correspondant au grade régulièrement acquis.

Aussi bien que le but, les termes si précis de cette disposition de l'article 21 d'après laquelle, il la citait lui-même (1), « il ne pourrait plus être ACCORDÉ (2) de grades honoraires en France », l'examen de ces lois organiques de 1832 et 1834 — dans l'esprit, sous le régime desquelles la conservation d'une position, loin d'être la condition *sine quâ non* de la conservation du grade, de l'état d'officier, en était au contraire la conséquence forcée, sous le régime desquelles, en d'autres termes, il fallait avoir perdu l'état d'officier, le grade pour n'avoir plus au moins la position de non activité, — avait dû faire comprendre à M. le Commissaire que la prohibition de l'article 21 visait seulement les grades qui dès leur collation n'auraient été, ne devaient jamais être qu'une distinction honorifique, qu'elle ne pouvait nullement s'appliquer à ceux qui auraient

---

(1) *Gazette du Palais* du 15 mai 1887, page 2, colonne 4... « Sans doute la loi du 19 mai... (poursuivre la lecture du paragraphe dont nous venons de citer la première ligne). — Voir Annexe n° III, page 92.

(2) Le texte cité porte même : « Il ne pourra être *nommé* à un grade.

jamais été suivis ou précédés d'un service effectif dans les armées Françaises (1).

Fonder sur cet article dont il savait comme nous le véritable sens une connexité qui retournait les positions contre le grade dont elles devaient être la garantie, qui faisait des positions la condition *sine quâ non* de l'état d'officier alors qu'elles en étaient la conséquence forcée, était implicitement avouer et reconnaître que dans sa propre opinion, une telle connexité ne reposait vraiment sur aucune base sérieuse.

Dès lors comme au lendemain des proscriptions anciennes, malgré la *chose jugée*, pour tous les gens de cœur qu'une décision rendue contre les lois et contre la raison attache plus que jamais au droit, aux vrais principes, les officiers parmi lesquels on trouve le commandant *Robert le Fort*, le héros du Col de Mouzaïa, du Jurjura, du Méchounech... font encore moralement partie de notre armée.

Le jour viendra bientôt, nous l'espérons du moins, où cette erreur de droit reconnue, démontrée, la dangereuse impression qu'a dû produire la thèse consacrée le 20 mai s'effacera peu à peu. En face du grand principe posé par les décrets des 28 février-28 mars, 26 juin-7 juillet 1790 qu'a complétés la loi de 1834 (2), les nombreux officiers d'opinion royaliste qui sous la foi, l'égide de cette loi tutélaire, avaient jusqu'à présent

---

(1) Par *grades honoraires*, le législateur de 1832, dans cet article 21, ne pouvait évidemment pas entendre le grade qui ne serait pas accompagné d'une position, puis qu'à dater de cette loi, tout officier dont le titre ne serait pas une distinction purement honorifique se trouverait, nous venons de le voir, avoir forcément une position, demeurer dans celle de non activité, s'il ne se démettait, tant qu'on ne l'aurait pas fait passer, dans celle de la retraite ou celle la de réforme. On remarquera de plus que si l'article 21 eut eu le sens que dit M. le Commissaire, si le grade honoraire eut été celui qui ne serait pas accompagné d'une position, rien n'eut été plus facile que de donner des grades à titre honorifique. Il eut suffi de faire la nomination et de placer l'officier dans la position de non activité..., pour esquiver la prohibition

(2) En face de cet arrêt, de la loi du 22 juin, de l'interprétation qu'on donnait le 13 mai à la loi tutélaire de 1834, les hommes d'ordre, soucieux des intérêts français, lorsqu'ils recouvreront le pouvoir constituant, ne perdront pas de vue ces salutaires principes, ne manqueront pas de rappeler, d'affirmer par un texte formel les bornes qu'ils assignent à la Puissance Législative.

combattu pour la France quelque fût son drapeau, devront encore se
dire que les Chambres elles-mêmes ne peuvent dans notre Droit porter
atteinte au grade, qu'elles ne peuvent pas surtout y toucher sous cette
forme indirecte, perfide, qu'en l'absence d'un débat sur ce terrain
nouveau, cet arrêt du vingt mai, les conclusions du treize ont admises
à une date où tant d'autres principes ont été, eux aussi, méconnus et
violés (1).

---

(1) Seules en effet, l'atteinte précédemment portée à l'inviolabilité du domicile par les
Décrets du 29 mars 1880, par ces expulsions de religieux auxquels on a dénié tout
recours judiciaire (c'était le seul possible), — la brèche faite par la loi de 1883 à
l'inamovibilité de la magistrature qui avait protesté contre ces expulsions, expliquent
qu'en 1887 on ait pu décider, qu'on ait eu même l'idée de prétendre que la loi du 22 juin
avait porté atteinte en ce qui touche les Princes à l'*état* d'Officier, sans qu'un texte
précis, absolument formel affirmât qu'elle aurait semblable conséquence. A aucune
autre époque on n'avait, on n'aurait émis une telle doctrine.

DOCUMENTS ANNEXES

DÉCRET des 28 Fév.-21 Mars et 28 Avril 1790 concernant la CONSTITUTION de l'armée (1).

Art. 1. Le roi est le chef suprême de l'armée.

2. L'armée est essentiellement destinée à défendre la Patrie contre les ennemis extérieurs.

3. Il ne peut être introduit dans le Royaume, ni admis au service de l'Etat, aucun corps de troupes étrangères, qu'en vertu d'un acte du Corps législatif, sanctionné par le Roi.

4. Les sommes nécessaires à l'entretien de l'armée et aux autres dépenses militaires seront votées annuellement par les Législatures.

5. Les LÉGISLATURES ni le POUVOIR EXÉCUTIF ne peuvent porter aucune atteinte au droit appartenant à CHAQUE CITOYEN, d'être admissible à tous emplois et grades militaires.

6. Tout militaire en activité conserve son domicile, nonobstant les absences nécessitées par son service, et peut exercer les fonctions de citoyen actif, s'il a d'ailleurs les qualités requises par les décrets de l'Assemblée nationale et si lors des Assemblées où doivent se faire les élections, il n'est pas en garnison dans le canton où est situé son domicile.

7. Tout militaire qui aura servi l'espace de seize ans, sans interruption et sans reproche, jouira de la plénitude des droits de citoyen actif, et est dispensé des conditions relatives à la propriété et à la contribution, sous la réserve exprimée dans l'article précédent, qu'il ne peut exercer ses droits s'il est en garnison dans le canton où est situé son domicile.

8. Chaque année, le 14 Juillet, il sera prêté individuellement dans les lieux où les

---

(1) Nos lecteurs trouveront ce décret rapporté dans DALLOZ, au mot ORGANISATION MILITAIRE, CHAP. I. — LOIS, page 1870, autrement dit au chapitre où sont rapportés les Documents qui régissent encore l'organisation de nos armées.

troupes seront en garnison, en présence des officiers municipaux, des citoyens rassemblés et de la troupe entière sous les armes, le serment qui suit : — Savoir, par les officiers, de rester fidèles à la Nation, à la loi, au roi, à la Constitution décrétée par l'Assemblée nationale et acceptée par le roi ; de prêter la main-forte requise par les Corps administratifs et les officiers civils et municipaux, et de n'employer jamais ceux qui sont sous leurs ordres contre aucun citoyen, si ce n'est sur cette réquisition, laquelle sera toujours lue aux troupes assemblées ; — Et par les soldats, entre les mains de leurs officiers, d'être fidèles à la Nation, à la loi, au roi et à la Constitution ; de n'abandonner jamais leurs drapeaux, et d'observer exactement les règles de la discipline militaire. — Les formules de ces serments seront lues à haute voix par le commandant qui jurera le premier, et recevra le serment de chaque officier, et ensuite chaque soldat prononcera en levant la main et disant : *Je le jure.*

9. Toute vénalité des emplois et charges militaires est supprimée.

10. Le Ministre ayant le département de la guerre, et tous les agents militaires, quels qu'ils soient, sont sujets à la responsabilité dans les cas et de la manière qui sont et seront déterminés par la Constitution.

11. A chaque LÉGISLATURE appartient le droit de statuer : 1º Sur les sommes à voter annuellement pour l'entretien de l'armée et autres dépenses militaires ; — 2º Sur le nombre d'hommes dont l'armée sera composée ; — 3º Sur la solde de chaque grade ; — 4º Sur les règles d'admission au service et d'avancement dans les grades ; — 5º Sur la forme des engagements et les conditions du dégagement ; — 6º Sur l'admission des troupes étrangères au service de la Nation ; — 7º Sur les lois relatives aux délits et aux peines militaires ; — 8º Sur le traitement des troupes dans le cas où elles seraient licenciées.

DÉCRET des 3 Juillet (26 Juin et)-7 Juillet 1790, concernant l'armée navale (1).

Art. 1. Le roi est le chef suprême de l'armée navale.

2. L'armée navale est essentiellement destinée à défendre la patrie contre les ennemis extérieurs, et à protéger le commerce maritime et les possessions nationales dans les différentes parties du globe.

3. Il ne peut être appelé dans les armées françaises ni employé au service de l'Etat aucunes forces navales étrangères, sans un acte du Corps législatif sanctionné par le roi.

4. Il ne peut être employé sur les vaisseaux, ni transporté par les dits vaisseaux dans les ports du royaume et des colonies, aucun corps ou détachement de troupes étrangères, si ces troupes n'ont été admises au service de la Nation par un Décret du Corps législatif, sanctionné par le roi.

5. Les sommes nécessaires à l'entretien de l'armée navale, des ports et arsenaux, et autres dépenses civiles ou militaires du département de la marine, seront fixées annuellement par les Législatures.

6. TOUS les CITOYENS sont également admissibles aux emplois civils et militaires de la marine et les LÉGISLATURES et le POUVOIR EXÉCUTIF ne peuvent directement ni indirectement porter aucune atteinte à ce droit.

7. Il n'y aura d'autre distinction entre les officiers, soit civils, soit militaires de la marine, que celle des grades, et TOUS seront susceptibles d'avancement, suivant les règles qui seront déterminées.

8. Toute personne attachée au service civil ou militaire de la marine conserve son domicile, nonobstant les absences nécessitées par son service, et peut exercer les fonctions de citoyen actif, si elle a d'ailleurs les qualités exigées par les décrets de l'Assemblée nationale.

9. Tout militaire ou homme de mer qui, depuis l'âge de dix-huit ans, aura servi sans reproche pendant soixante-douze mois sur les vaisseaux de guerre, ou dans les grands ports l'espace de seize ans, jouira de la plénitude des droits de citoyen actif, et sera dispensé des conditions relatives à la propriété et à la contribution.

---

(1) Nos lecteurs trouveront ce décret rapporté dans DALLOZ, au mot ORGANISATION MARITIME. — CHAP. I, LOIS, pages 1658 et 1659, autrement dit au chapitre où sont rapportés les Documents qui régissent encore l'organisation de notre armée navale.

10. Chaque année, le 14 Juillet, il sera prêté individuellement, dans les grands ports, par toutes les personnes attachées au service civil ou militaire de la marine, en présence des officiers municipaux et des citoyens rassemblés, le serment qui suit : — savoir, par les officiers civils ou militaires, de rester fidèles à la nation, à la loi, au roi et à la Constitution décrétée par l'Assemblée nationale et acceptée par Sa Majesté ; de prêter main-forte requise par les Corps administratifs et les officiers civils ou municipaux, et de n'employer jamais ceux qui sont sous leurs ordres contre aucun citoyen, si ce n'est sur cette réquisition, laquelle sera toujours lue aux troupes assemblées ; de faire respecter le pavillon français et de protéger de la manière la plus efficace le commerce maritime ; — Et par les hommes de mer et autres employés au service de la marine, entre les mains de leurs officiers, d'être fidèles à la nation, à la loi, au roi et à la Constitution ; de n'abandonner jamais les vaisseaux sur lesquels ils seront employés et d'obéir à leurs chefs avec la plus exacte subordination. — Les formules de ces serments seront lues à haute voix par l'officier commandant dans le port, lequel jurera le premier et recevra le serment que chaque officier et ensuite chaque homme de mer prononcera, en levant la main et disant : *Je le jure.*

11. A chaque armement, et au moment de la revue à bord, le commandant de chaque vaisseau fera le serment, et le fera répéter par l'état-major et l'équipage, dans les termes énoncés par l'article précédent.

12. Le Ministre ayant le département de la marine et tous les agents civils et militaires, quels qu'ils soient, sont sujets à la responsabilité, dans les cas et de la manière qui sont ou seront déterminés par la Constitution.

13. Aucun officier militaire de la marine ne pourra être destitué de son emploi sans le JUGEMENT d'un Conseil de guerre, et aucun officier civil, sans l'avis d'un Conseil d'administration.

14. Il n'y aura d'autres règlements, d'autres ordonnances sur le fait de la marine, que les décrets du Corps législatif sanctionnés par le roi, sauf les proclamations que pourra faire le Pouvoir exécutif pour ordonner ou rappeler l'observation des Lois et en développer les détails.

15. A chaque LÉGISLATURE appartient le pouvoir de statuer : 1º Sur les sommes à fixer annuellement pour l'entretien de l'armée navale, des ports et arsenaux, et autres dépenses concernant le département de la marine et des colonies ; 2º Sur le nombre des vaisseaux dont l'armée navale sera composée ; 3º Sur le nombre d'officiers de chaque grade et d'hommes de mer à entretenir pour le service de la flotte ; 4º Sur la formation des équipages ; 5º Sur la solde de chaque grade ; 6º Sur les règles d'admission au service et d'avancement dans les grades ; 7º Enfin sur les lois relatives aux délits et aux peines militaires, et sur l'organisation des Conseils de guerre et d'administration.

Extrait du Journal **LA GAZETTE DU PALAIS**

DU DIMANCHE 15 MAI 1887.

CONSEIL D'ÉTAT (SECTION DU CONTENTIEUX).

13 mai 1887.

Présidence de M. Laferrière.

LES PRINCES D'ORLÉANS CONTRE LE MINISTRE DE LA GUERRE. — OFFICIERS RAYÉS. — GRADE — PROPRIÉTÉ. — EMPLOI. — ARRÊTÉS MINISTÉRIELS. — EXCEPTION D'INCOMPÉTENCE.

Conclusions de M. le commissaire du gouvernement Marguerie.

M. le commissaire du gouvernement s'est exprimé en ces termes :

« Au moment où nous abordons l'examen du débat porté aujourd'hui devant le Conseil, nous avons le sentiment profond du devoir qui nous est imposé par les fonctions que nous avons l'honneur de remplir.

« Ce débat a pour origine et pour cause la loi du 22 juin 1886 ; cette loi place en dehors de la loi commune une catégorie de citoyens français : elle a des précédents.

Ces précédents s'appellent la loi du 12 janvier 1816, du 10 avril 1832, du 26 mai 1848.

« Devant la Chambre des députés, dans la séance du 11 juin 1886, l'honorable M. de Freycinet, comme président du Conseil des ministres, déclarait qu'il eût été à souhaiter que le gouvernement de la République, plus heureux que les gouvernements qui l'avaient précédé, n'eût pas été appelé, lui aussi, à recourir à des mesures d'exception pour se défendre contre les entreprises dont il pourrait être l'objet ; et il ajoutait qu'en soutenant le projet qui est devenu la loi du 22 juin 1886, il accomplissait un devoir douloureux : notre devoir personnel est d'un autre ordre, mais il n'entraîne pas moins ses obligations.

« Quatre décisions du ministre de la guerre rendues à la suite de la loi du 22 juin 1886 ont rayé des cadres ou contrôles de l'armée, les ducs d'Aumale, de Nemours, de Chartres et d'Alençon, qui y figuraient, les deux premiers en qualité de généraux de division, le troisième en qualité de colonel de cavalerie, le quatrième en qualité de capitaine d'artillerie.

« Les ducs d'Aumale, de Nemours, de Chartres et d'Alençon vous demandent d'annuler pour excés de pouvoir ces décisions ministérielles : ils estiment que ces décisions ont porté atteinte à la propriété de leurs grades, alors que cette propriété ne leur a pas été enlevée par la loi du 22 juin 1886, et ils les attaquent, dès lors, pour fausse application de la loi ; ils soutiennent, en outre, qu'elles ont été rendues par une autorité incompétente, le ministre de la guerre ne pouvant en aucun cas retirer des grades conférés par le chef de l'Etat.

« En réponse à cette demande, M. le ministre de la guerre prétend tout d'abord que ses décisions constituent des actes de gouvernement qui échappent à votre juridiction, et il soutient subsidiairement que ses décisions ne constituent que des actes d'exécution de la loi du 22 juin 1886 de la compétence ministérielle.

« La première question que nous devons donc examiner est celle de savoir quel est le caractère juridique des décisions qui vous sont déférées. Le ministre de la guerre, comme chef du grand service public dont la gestion lui est confiée, est appelé chaque jour à rendre des décisions administratives ; mais il est, en outre, dépositaire, d'une part de l'autorité gouvernementale, et, à ce titre, il peut être appelé aussi à prendre des mesures rentrant dans la catégorie de celles que la jurisprudence et la doctrine qualifient d'actes de gouvernement.

« Pour soutenir que dans l'espèce les actes attaqués ont le caractère d'actes de gouvernement, le ministre de la guerre se fonde sur la pensée exclusivement politique qui les a inspirés, sur l'approbation qui leur a été donnée par la Chambre des députés et par le Sénat dans les séances des 13 et 15 iuillet 1886, sur la situation tout exceptionnelle faite aux personnes visées dans ces actes par la loi du 22 juin 1886.

« Nous répondons :

« La pensée politique qui a déterminé un représentant de la puissance publique à accomplir un acte déterminé ne lui enlève pas nécessairement le caractère administratif, si cet acte, par sa nature, est un acte d'administration. Le tribunal des conflits l'a solennellement reconnu dans sa décision du 5 novembre 1880 (affaire Marquigny).

« Les ordres du jour votés par la Chambre des députés et par le Sénat, dans les séances des 13 et 15 juillet 1886 ne peuvent pas être retenus davantage comme définissant le caractère des décisions du ministre de la guerre, puisque la question que nous examinons en ce moment n'a pas été posée devant les Chambres, et que, dès lors, elle n'a pas été résolue par le Parlement.

« Enfin, la seule qualité des personnes visées dans les décisions ministérielles ne suffit pas pour faire attribuer à ces décisions le caractère d'actes de gouvernement, parce que la loi du 22 juin 1886, moins rigoureuse que les lois du même ordre qui l'avaient précédée (1), n'interdit pas d'une façon générale le séjour sur le territoire français aux person-

---

(1) Ainsi de l'aveu même de Monsieur Marguerie la loi du 22 juin 1886 était moins rigou- reuse, n'entendait pas aller plus loin ni même si loin que les lois de proscription par lui rappelées. Nous le verrons plus tard lorsqu'il lui faut déterminer la portée, es effets de cette loi, laisser de

nes qu'elle a cru devoir placer dans une situation exceptionnelle, qu'elle leur laisse la jouissance complète de leurs droits civils et la jouissance de tous les droits politiques qui ne leur sont pas formellement enlevés ; que, par suite, ces personnes continuent, pour la plupart, à rester en contact avec les autorités administratives, et qu'elles peuvent être atteintes, comme tous les autres citoyens, par des mesures ayant incontestablement le caractère administratif.

« Les trois circonstances relevées par le ministre de la guerre ne suffisent donc pas par elles-mêmes pour imprimer à ses décisions le caractère gouvernemental. Il faut ou il faudrait quelque chose de plus.

« M. le ministre estime que ces décisions rentrent dans la catégorie des actes de gouvernement, tels qu'ils étaient définis par M. le commissaire du gouvernement David à l'occasion de la requête qui vous avait été adressée par le prince Napoléon à fin de restitution de son grade de général de division. Quelle était donc cette définition, à laquelle nous donnons notre adhésion complète ?

« Tels sont, disait M. le commissaire du gouvernement David, les pouvoirs *discrétion-*
« *naires* que le gouvernement tient en France soit des lois constitutionnelles quand elles
« existent pour le règlement et l'exécution des conventions diplomatiques, soit des lois
« de police et spécialement de la loi sur l'état de siège pour le maintien de la paix, soit
« des lois d'exception dont notre histoire contemporaine n'offre que trop d'exemples,
« pour sa défense contre les entreprises qu'il peut avoir à redouter des princes apparte-
« nant aux familles qui ont régné sur la France. »

« Or, dit le ministre, la loi du 22 juin 1886 est bien l'une de ces lois auxquelles M. David faisait allusion.

« Mais il y a un mot dans la définition de l'acte de gouvernement que nous venons de mettre sous les yeux du Conseil, qui, d'après nous, a une importance capitale, et qui ne nous semble pas avoir retenu suffisamment l'attention du ministre de la guerre, c'est le mot *pouvoir discrétionnaire*. Ce qui est, en effet, de l'essence de l'acte de gouvernement, c'est son caractère discrétionnaire. L'acte de gouvernement, c'est l'exercice par le pouvoir exécutif de la part de souveraineté qui lui est attribuée par la Constitution ou que même il peut s'attribuer, dans un moment de danger immédiat, sous réserve de l'approbation ultérieure du Parlement, dans le but d'accomplir son devoir qui est de veiller à la sûreté intérieure et extérieure de l'Etat. C'est précisément parce qu'il s'agit alors d'un acte de souveraineté, qu'un acte de cette nature ne peut être discuté devant aucune juridiction.

« Nous n'hésitons pas à dire que, si les décisions attaquées dans les conditions où elles ont été rendues, nous apparaissaient comme l'exercice d'un pouvoir discrétionnaire au regard des personnes visées dans la loi du 22 juin 1886, notre devoir juridique serait de

---

côté, oublier cette remarque importante qu'il avait soin de faire ici pour montrer que l'acte attaqué n'était même pas un acte de gouvernement.

vous demander d'affirmer votre incompétence pour les examiner même au point de vue de leur légalité.

« Mais le ministre de la guerre a-t-il entendu au nom du gouvernement faire usage d'un pouvoir discrétionnaire, faire des actes de souveraineté en prenant les décisions attaquées ? Il suffit de lire ces décisions pour reconnaître qu'à l'époque où elles ont été rendues, telle n'était pas assurément la pensée du ministre de la guerre.

« Ces décisions ne sont pas rédigées dans des termes absolument identiques ; mais elles ont évidemment le même sens ; les unes emploient le mot *contrôles*, les autres le mot *cadres*. Les expressions cadres et contrôles nous paraissent synonymes.

« Nous mettons sous les yeux du Conseil la décision qui concerne le duc de Chartres et qui, suivant nous, fait ressortir avec évidence la pensée ministérielle.

« 6 juillet 1886.

« *Le général de brigade Thomas commandant la place de Paris et le département de la Seine à M. Robert d'Orléans, colonel de cavalerie en non activité.*

« Colonel,

« Le ministre de la guerre écrit ce qui suit à la date du 3 juillet courant :

« Par application de l'art. 4 de la loi du 22 juin 1886, M. Robert d'Orléans, colonel
« de cavalerie en non-activité par retrait d'emploi à Paris, doit être rayé des cadres de l'ar-
« mée à la date du 23 du même mois, jour de la promulgation de ladite loi. J'ai l'honneur
« de vous prier de faire notifier cette disposition à l'intéressé qui devra être immédiate-
« ment rayé du contrôle des officiers en non-activité résidant sur le territoire du gou-
« vernement militaire de Paris.

« Signé : Général BOULANGER.

« J'ai l'honneur de vous notifier cette disposition. »

Nous croyons que cette lettre démontre d'une façon péremptoire qu'au mois de juillet 1886, le ministre de la guerre n'a pas entendu faire acte de gouvernement. Dans la pensée du ministre, telle qu'elle se manifeste à nos yeux avec une netteté et une précision absolues, ce n'est pas le gouvernement, usant d'un pouvoir propre qui lui aurait été conféré par la loi du 22 juin 1886, qui a pris la mesure de haute police politique qui a éloigné les princes d'Orléans de l'armée française ; c'est la loi elle-même qui a prescrit cette séparation. Le ministre de la guerre, en rayant les princes d'Orléans des contrôles de l'armée, n'a fait que constater d'une façon matérielle et sous une forme administrative, une situation juridique créée par le législateur lui-même. Il n'a pas fait acte d'autorité, ni de l'ordre gouvernemental, ni même de l'ordre administratif.

« Les décisions, par lesquelles le ministre de la guerre prononce la radiation d'un officier des cadres de l'armée ne peuvent jamais, en principe, faire grief par elles-mêmes aux droits de cet officier, car elles ne sont que l'exécution d'actes antérieurs qui ont rendu cette radiation nécessaire.

« Ces actes antérieurs sont tantôt des actes judiciaires, tantôt des actes du chef du pouvoir exécutif; ils n'émanent jamais de la volonté du ministre de la guerre. Et, en effet, la loi du 19 mai 1834, qui règle l'état des officiers, et dont les dispositions sont toujours en vigueur, a été votée sous un régime monarchique. Dans toute monarchie, le roi est le chef de l'armée, et c'est en vertu de la tradition et conformément au régime constitutionnel de l'époque, que le législateur de 1834 n'a laissé ni les grades ni les positions de l'officier à la disposition du ministre de la guerre.

« D'après l'art. 1er, le grade est conféré par le roi, et en dehors du cas de destitution résultant d'une condamnation judiciaire, il ne peut être retiré que par le roi, qui a seul compétence pour accepter les démissions. Le ministre de la guerre n'a pas davantage de pouvoirs propres en ce qui touche les positions d'officier.

« D'après l'art. 2 de la loi du 19 mai 1834, les positions (1) de l'officier, sont l'activité et la disponibilité, la non-activité, la réforme, la retraite.

« Toute nomination à un grade place nécessairement l'officier dans la position d'activité, parce que, d'une part, aux termes de l'art. 3 de la loi du 19 mai 1834, cette position est celle de l'officier pourvu d'emploi, et que, d'autre part, aux termes de l'art. 21 de la loi du 14 avril 1832, il ne peut être nommé à un grade sans emploi.

« La non-activité, d'après l'art. 4 de la loi du 19 mai 1834, est la position de l'officier sans emploi. Cette position est le résultat de certaines situations prévues par l'art. 5, telles que le licenciement de corps, la rentrée de captivité... ou *d'une mesure disciplinaire* telle que le retrait (2) ou la suppression d'emploi.

« Mais l'art. 6 porte expressément que la mise en non-activité par retrait ou suspension d'emploi a lieu par décision royale, sur le rapport du ministre de la guerre.

« Quant à la réforme, d'après les articles 11 et 13 de la loi du 19 mai 1834, elle est prononcée par décision royale sur le rapport du ministre de la guerre (3).

---

(1) Le numéro de la *Gazette du Palais* du 15 Mai porte «... *les pouvoirs* de l'officier sont l'activité et la disponibilité... », mais il est évident que c'est là une faute d'impression, qu'elle voulait dire : «.... les positions de l'officier sont.... »

(2) La *Gazette* porte encore «.... telle que la retraite ou la suppression d'emploi » : elle voulait évidemment dire « ... telle que le retrait ou.... »

(3) Monsieur Marguerie se garde d'ajouter « et sur avis *conforme* d'un Conseil d'enquête lorsqu'elle n'est pas prononcée pour infirmités incurables » (Voir article 13 de la loi de 1834 et ce que nous avons dit page 13). — Il n'y avait guère à espérer même après la loi du 22 juin 1886 qu'un Conseil d'Enquête eut émis l'avis qu'il y avait lieu de mettre les princes en réforme pour prolongation audelà de trois ans de la position de non-activité par application des articles 12 et 13 précités. On avait alors passé outre et prétendu avoir fait acte de gouvernement : Monsieur Marguerie, lui, découvre le 13 mai une combinaison dans laquelle on n'a fait qu'exécuter les lois de 1834 et 1886.

« L'art. 14 de la loi du 19 mai 1834 définit la position de retraite dans les termes que voici : la retraite est la position définitive de l'officier, rendu à la vie civile, et admis à la jouissance d'une pension, conformément aux lois en vigueur. — Or, aucune loi ne confère au ministre de la guerre le droit d'admettre d'office à la retraite un officier.

« Le président de la République a hérité des pouvoirs conférés au roi par la loi du 19 mai 1834, et les décisions prévues dans cette loi sous la qualification de décisions royales, prennent aujourd'hui le nom de décisions présidentielles.

« L'étude de la législation militaire démontre donc que les radiations des cadres ou des contrôles de l'armée, qui sont prononcées par des décisions ministérielles, ne peuvent, en principe, par elles-mêmes porter directement atteinte aux droits d'un officier. Elles sont de simples mesures d'exécution commandées par une situation déjà créée, qu'il n'appartient au ministre de la guerre de modifier sous aucun rapport.

« Cette situation, elle est créée d'ordinaire, comme nous le disions, il y a un instant, au Conseil, par des décisions de justice ou par des décisions du chef de l'Etat. Le ministre de la guerre a pensé que, dans l'espèce, elle avait été créée par la loi elle-même ; mais de ce que les radiations, dont la légalité est contestée devant vous, auraient pour base la loi elle-même, c'est-à-dire une base exceptionnelle, il serait inexact d'en conclure, selon nous, que les décisions qui les ont prononcées ont perdu leur caractère habituel de simples mesures administratives d'exécution.

« Il en serait autrement si le caractère d'acte de gouvernement pouvait être attribué à la loi du 22 juin 1886, parce que, d'après un principe consacré par une jurisprudence constante, les mesures administratives d'exécution d'un acte de gouvernement prennent le même caractère que l'acte originaire en vertu duquel elles ont été accomplies. C'est par application de ce principe que toutes les mesures administratives prises pour l'exécution d'une convention diplomatique ne peuvent donner lieu à un débat contentieux. Mais, au point de vue juridique, il n'y a pas de loi que l'on puisse qualifier d'acte de gouvernement : il n'y a que deux catégories de lois, les lois constitutionnelles et les lois ordinaires : la loi du 22 juin 1886 est une loi ordinaire.

« S'il en est ainsi, vous êtes compétents pour rechercher si la base sur laquelle reposent les décisions attaquées, existe en réalité, c'est-à-dire pour examiner au fond, si la loi du 22 juin 1886 mettait le ministre de la guerre dans l'obligation de rayer les noms des requérants des contrôles de l'armée. Car nous le répétons, les radiations prononcées par le ministre ne sont jamais l'exercice d'un pouvoir discrétionnaire ; quand le ministre les prononce, c'est qu'il est tenu de les prononcer.

« Examinons donc quelle a été la situation faite, au point de vue militaire, par la loi du 22 juin 1886, aux princes d'Orléans, qui appartenaient à l'armée lors de la promulgation de cette loi, et recherchons si cette situation rendait nécessaires les décisions qui font l'objet des recours..

« Ces décisions ont été rendues par application de l'art. 4 de la loi du 22 juin 1886. Quelles sont les dispositions contenues dans cet article ?

« Article 4. — Les membres des familles ayant régné en France ne pourront entrer

« dans les armées de terre et de mer, ni exercer aucune fonction publique ni aucun
« mandat électif. »

« Les requérants soutiennent que cet article doit être interprété en ce sens que la loi
du 22 juin 1886 n'a statué que pour l'avenir ; que si elle a interdit l'accès de l'armée
française aux princes appartenant aux familles ayant régné sur la France, elle n'a pas
entendu en faire *sortir* les princes qui y avaient conquis des grades, et qui y occupaient des
positions lors de la promulgation de la loi. D'après cette interprétation, non-seulement
les requérants n'auraient pas été privés de leurs grades par l'effet seul de cette loi ; mais,
en outre, ils auraient le droit de continuer à figurer sur les contrôles de l'armée. S'ils
avaient continué à être compris dans les cadres de l'armée, auraient-ils pu être appelés
éventuellement à un emploi d'activité ? C'est ici que leurs prétentions sont formulées
d'une façon moins nette et moins précise, et nous le comprenons aisément.

« Admettons que les expressions : *ne pourront entrer dans les armées de terre et de mer*
ne visent que les princes qui n'appartenaient pas à l'armée, lors de la promulgation de la
loi, et ne doivent pas s'interpréter en ce sens que *l'entrée des armées de terre et de mer
est interdite* aux membres des familles ayant régné sur la France, ce qui aurait impliqué
pour les princes appartenant à l'armée l'obligation d'en sortir (1) ; ces expressions ne sont
pas isolées ; elles sont suivies des mots *ni exercer aucune fonction publique*. L'art. 4 a dés
lors une signification qui nous paraît à l'abri de toute contestation possible.

« L'art. 4 faisait défense au Président de la République et au ministre de la guerre de
confier pour l'avenir aux membres des familles ayant régné en France, un emploi d'activité dans l'armée (2). L'officier pourvu d'un emploi exerce une fonction publique, et l'exercice de toute fonction publique a été interdit aux princes visés par la loi du 22 juin 1886.
L'honorable M. Chesnelong, qui a développé devant le Sénat l'interpellation formulée
par lui, dans l'intérêt des princes d'Orléans, semble lui-même avoir admis l'interprétation
que nous donnons sur ce point à la loi du 22 juin 1886. L'art. 4 fait obstacle à ce que
les princes d'Orléans soient détenteurs sous une forme quelconque de la puissance
publique dans l'ordre militaire ou dans l'ordre civil.

« Si donc les princes d'Orléans, par l'effet seul de la loi du 22 juin 1886, étaient placés
dans l'impossibilité d'obtenir un emploi dans l'armée, examinons quelle était la situation
qui leur était faite par cette impossibilité au regard de la loi du 19 mai 1834.

« Le duc d'Aumale, le duc de Chartres, le duc d'Alençon se trouvaient dans la posi-

---

(1) Pour tout interprète sérieux et même abstraction faite du caractère d'ÉTAT que notre droit
reconnaît au grade, la défense *d'entrer* dans les armées qui attestait l'intention de respecter les
droits et faits acquis, de disposer simplement pour l'avenir, n'eut certainement pas entraîné, même
sous la forme indiquée par Monsieur Marguerie, pour les Princes appartenant à l'armée l'obligation
d'en sortir. En face du caractère d'*État* surtout, Monsieur le Commissaire lui-même ne pouvait
attacher à cette insinuation, à une pareille remarque, un caractère sérieux.

(2) Ni les 13 et 15 juillet devant les Chambres, ni dans son mémoire en réponse au pourvoi,
nous l'avons vu pages 35, 47-49, le Ministre lui-même n'avait songé à donner ce sens et cette
portée à ces expressions de l'art. 4 : « *ni exercer aucune fonction publique* », à rattacher à pareille
interprétation la mesure par lui prise.

tion de non-activité par retrait d'emploi. Pouvaient-ils être maintenus dans cette position ? Nous répondons non. L'article 8 de la loi du 19 mai 1834 s'y opposait.

« Article 8. — Les officiers en non-activité pour infirmités temporaires et par retrait « ou suspension d'emploi, sont *susceptibles* d'être remis en activité.

« Les ducs d'Aumale, de Chartres et d'Alençon ne pouvaient donc être maintenus dans la position de non-activité, puisqu'ils n'étaient plus susceptibles d'être remis en activité, l'activité étant en principe la position de l'officier pourvu d'un emploi.

« Le duc de Nemours était général de division placé dans la section de réserve. Il résulte, suivant nous, de la combinaison de la loi du 4 août 1834, que les officiers généraux de la section de réserve doivent être considérés comme des officiers placés dans une situation spéciale de la position d'activité, dans la situation de disponibilité. Or, l'art. 3 de la loi du 19 mai 1834 porte que la disponibilité est la position spéciale de l'officier général ou d'état-major appartenant au cadre constitutif et *momentanément* sans emploi.

« Dans ces conditions, il nous est permis de dire que les requérants, à la suite de la promulgation de la loi du 22 juin 1886, ne pouvaient conserver ni obtenir aucune des positions leur donnant le droit d'être maintenus dans les cadres de l'armée. Le ministre de la guerre n'avait pas davantage le droit de faire figurer sur les contrôles de l'armée des officiers qui n'étaient plus à la disposition du chef de l'armée. Nous venons dire : des officiers ; les requérants sont-ils encore des officiers ?

« Eloignés de l'armée par la loi du 22 juin 1886, en vertu d'un acte émanant de l'autorité souveraine, les requérants conservent-ils encore les grades qu'ils avaient acquis à l'armée, qui les avaient honorés et qu'ils ont honorés eux-mêmes ? Peuvent-ils invoquer le principe consacré formellement par la loi du 19 mai 1834, que le grade est la propriété de l'officier et se prévaloir de ce que cette propriété ne leur a pas été formellement enlevée par la loi du 22 juin 1886 ? Nous ferons remarquer au Conseil que la loi du 19 mai 1834 déclare, il est vrai, dans son article 1er que le grade constitue l'état de l'officier. En faisant cette déclaration, elle accomplissait une promesse déjà faite par le législateur et contenue dans l'art. 24 de la loi du 14 avril 1832. Cet art. 24 dispose : « l'emploi est « distinct du grade. Aucun officier ne pourra être privé de son grade que dans les cas et « suivant les formes déterminées par la loi » ; mais, après avoir spécifié les causes qui entraînent la perte du grade dans le même art. 1er, la loi du 19 mai 1834 indique dans son art. 2 quelles sont les positions de l'officier. Ces positions sont au nombre de quatre, comme nous l'avons déjà rappelé au Conseil : l'activité et la disponibilité — la non-activité — la réforme — la retraite ; — les requérants ne se trouvent dans aucune de ces *positions* (1) ; la question de savoir s'ils ont encore des grades se pose donc dans les termes que voici : Un officier sans position (2) est-il encore un officier ? Eh bien, nous croyons pouvoir répondre sincèrement non.

(1 et 2) Le journal la *Gazette du Palais* porte « …. dans aucune de ces *fonctions* ; ………: un officier sans *fonction* est-il encore… », mais il est bien évident que c'est là une faute d'impression comme celles que nous avons déjà signalées.

« Sans doute, la loi du 19 mai 1834 a fait une distinction entre le grade et les positions de l'officier ; mais, néanmoins, elle a établi, suivant nous, entre le grade et les positions qu'elle a minutieusement définies, une véritable connexité : il faut en conclure que la loi du 19 mai 1834 fait dépendre l'état d'officier du grade accompagné d'une position et que la conservation de l'état d'officier est subordonnée au maintien de l'officier dans l'une des positions qu'elle a prévues. Un officier qui n'occupe aucune de ces positions ne serait plus qu'un officier pourvu d'un grade honoraire : il se trouverait alors dans une position exceptionnelle absolument contraire au principe posé dans la loi du 14 avril 1832, dans l'art. 21, aux termes duquel il ne peut, dans aucun cas, *être accordé de grades honoraires ;* pour reconnaître que les requérants sont titulaires de grades qui n'auraient plus qu'un caractère honorifique, il faudrait admettre que le législateur de 1886 a entendu apporter une dérogation au principe posé dans l'art. 21 de la loi du 14 avril 1832, et il n'apparaît ni du texte de la loi de 1886 ni de la discussion dont elle a été l'objet, que cette dérogation ait été dans les intentions du législateur.

« Tel est le résultat juridique auquel aboutit nécessairement la combinaison des lois du 14 avril 1832, 19 mai 1834 et 22 juin 1886. Telle est l'opinion que nous croyons devoir formuler devant le Conseil d'État, sur les conséquences et la portée de l'article 4 de la loi du 22 juin 1886. Si les requérants ne sont plus des officiers de par la volonté souveraine de la loi, il s'en suit qu'ils ne peuvent se plaindre de ce que le ministre de la guerre, par une simple mesure d'exécution, les ait rayés des cadres ou contrôles de l'armée, et que leurs recours doivent être rejetés.

21

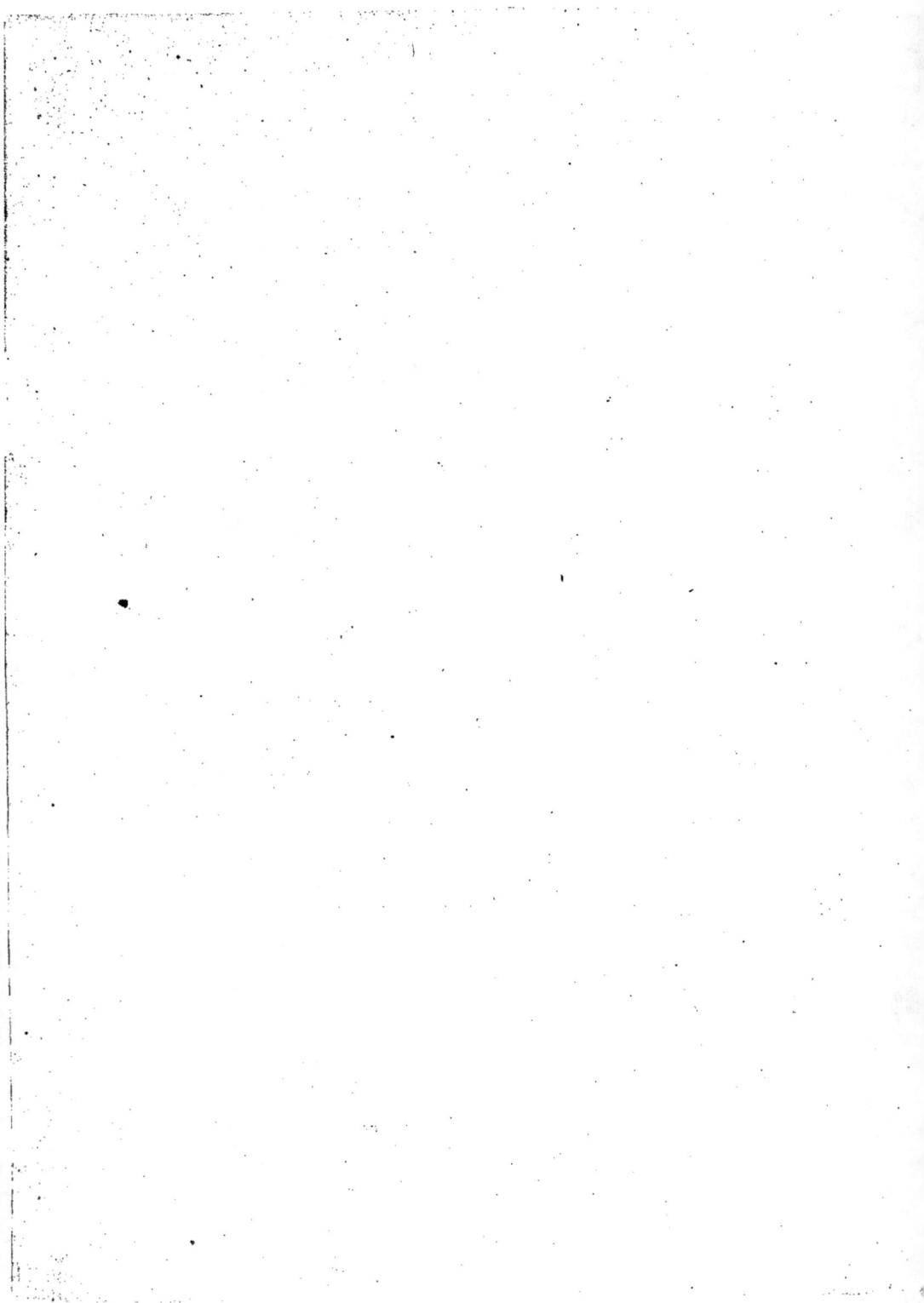

www.ingramcontent.com/pod-product-compliance
Lightning Source LLC
Chambersburg PA
CBHW071103210326
41519CB00020B/6134